16	3	2	13
5	10	11	8
9	6	7	12
4	15	14	1

Candido Malta Campos Filho

REINVENTE SEU BAIRRO

Caminhos para você participar do
planejamento de sua cidade

Desenhos do autor

editora■34

EDITORA 34

Editora 34 Ltda.
Rua Hungria, 592 Jardim Europa CEP 01455-000
São Paulo - SP Brasil Tel/Fax (11) 3811-6777 www.editora34.com.br

Edição conforme o Acordo Ortográfico da Língua Portuguesa.

O autor agradece a arquiteta e urbanista Lucila Lacreta, competente técnica da Prefeitura Municipal de São Paulo e militante do Movimento Defenda São Paulo, por sua valiosa contribuição para a acuidade das informações contidas nos Quadros 1 e 7 deste livro.

Capa, projeto gráfico e editoração eletrônica:
Bracher & Malta Produção Gráfica

Revisão:
Alexandre Barbosa de Souza

1ª Edição - 2003 (2 Reimpressões),
2ª Edição - 2010 (3ª Reimpressão - 2021)

Catalogação na Fonte do Departamento Nacional do Livro
(Fundação Biblioteca Nacional, RJ, Brasil)

Campos Filho, Candido Malta, 1936
C198r   Reinvente seu bairro: caminhos para você participar do planejamento de sua cidade / Candido Malta Campos Filho. — São Paulo: Editora 34, 2010 (2ª Edição).
224 p.

ISBN 978-85-7326-268-1

1. Urbanismo - Planejamento do espaço urbano. 2. Estrutura e localização dos bairros. 3. Cidade de São Paulo - teoria e história. I. Título.

CDD - 711.4

REINVENTE SEU BAIRRO
Caminhos para você participar do planejamento de sua cidade

Parte II
COMO DIRECIONAR POSITIVAMENTE A FORMAÇÃO
E TRANSFORMAÇÃO DO TECIDO URBANO

Apêndice
TEXTOS CONEXOS RECENTES

INTRODUÇÃO

No Brasil, mais do que em outras nações latino-americanas ou países da Europa e da América do Norte, existe uma enorme desinformação das questões urbanísticas, como elas se apresentam e as soluções que estão ao nosso alcance. Visando contribuir para atenuar essa desinformação generalizada, especialmente no que se refere à melhor organização de nossa vida cotidiana no espaço da cidade, resolvi escrever este texto. A minha experiência prática de 40 anos, aliada a 40 anos de pesquisa teórica, creio que me permite e me obriga a realizar esse esforço. É uma retribuição às oportunidades de estudo e trabalho que a sociedade brasileira me propiciou.

É ainda mais oportuno que nós, urbanistas, ofereçamos contribuições para a reflexão, pois, com a experiência que temos e com a sua ajuda, cidadão, através dos deputados federais e senadores que elegemos, conseguimos, primeiro, introduzir na Constituição Federal de 1988 (em seu artigo 182) a exigência de que cidades com mais de 20 mil habitantes tenham planos que dirijam o seu desenvolvimento — os chamados "planos diretores" — e recentemente, em 2001, conseguimos que fosse aprovado um conjunto de instrumentos urbanísticos inovadores na lei federal de desenvolvimento urbano, que regulamenta a Constituição e traça ao mesmo tempo uma política federal de desenvolvimento urbano — o que recebeu o nome de Estatuto da Cidade.

Fui um dos urbanistas que mais contribuiu para a elaboração do Estatuto da Cidade, que teve sua base constituída, posso afirmar com segurança, pelo projeto de lei federal n° 2.191 do deputado Raul Ferraz (PMDB-BA), que coordenamos tecnicamente entre 1986 e 1988.

Se já existe hoje uma ordenação legal definida no nível federal, cabe a nós cidadãos contribuir para que, nos níveis municipal e estadual, o planejamento urbano, traduzido no Plano Diretor e leis correlatas de regulação urbanística, sejam normas estabelecidas para o nosso bem e não dos especuladores imobiliários. Pois é disso que devemos tratar com prioridade, segundo diretriz estabelecida pelo Estatuto da Cidade.

Ora, só saberemos agir nesse sentido, tomando parte efetivamente do processo participativo de sua definição, agora tornado obrigatório pelo Estatuto da Cidade, se soubermos raciocinar com relação à organização do espaço urbano, conhecendo bem quais as consequências para as nossas vidas cotidianas das várias alternativas que temos pela frente, analisando criticamente o processo de crescimento urbano dentro do qual estamos metidos.

É esse o nosso objetivo com este texto, a partir de uma visão que seja possivelmente a sua, cidadão, e *tendo como foco a sua moradia*.

Vamos escrevê-lo com uma linguagem que lhe seja acessível, com um mínimo de jargão técnico, apenas quando for imprescindível para a compreensão das normas urbanísticas em vigor ou que poderão entrar em vigor.

Por isso, vamos defender aqui o que chamamos de Plano de Bairro ou Plano Diretor de Bairro. É um modo novo de colocar você, cidadão, no centro da discussão do Plano Diretor. É justamente um jeito de colocá-lo como ponto de partida no pensar a qualidade de vida urbana, no que ela tem de dependência em relação à organização do espaço de uma cidade.

Claramente nos opomos, como espero demonstrar, a uma visão de que o que está aí é necessariamente assim e não há como mudar. Um fato consumado e pronto, com o qual temos de nos conformar. Queremos mostrar que, mesmo nos casos mais desesperadores, de quase nenhuma qualidade de vida, como o viver em favelas ou cortiços, há esperança de melhora substantiva.

Candido Malta Campos Filho

Vamos defender, como se verá, uma cidade plural, onde muitos estilos de vida devem poder encontrar espaços bem-organizados para abrigá-los. Em que os conflitos sejam aos poucos reduzidos, mas dando ganho de causa aos que prezam uma qualidade ambiental sempre melhorada, e perda aos predadores sociais. Estes últimos, quando burgueses ou pequenos-burgueses, estando bem de vida, deveriam ter um posicionamento positivo, de contribuição para um avanço social, e não o papel de retardadores do progresso social.

Uma teoria mais ampla, que busca compreender os papéis de trabalhadores e burgueses na organização histórica que corresponde ao sistema capitalista periférico em que vivemos no Brasil, é desenvolvida por mim em outros textos. Recomendo aos que quiserem conhecer melhor esses fundamentos mais amplos, que leiam outros textos que escrevi, especialmente o livro *Cidades brasileiras: seu controle ou o caos*.[1]

Aqui vou me esforçar para escrever sucintamente, de modo direto e em linguagem clara. Não se trata de um texto acadêmico. Não foi escrito, em seu conjunto, segundo uma lógica formal do geral para o particular ou vice-versa. Entendi que o encadeamento das ideias deveria nortear o rumo do texto. Assim, à medida que uma ideia ia puxando a outra, eu ia as desenvolvendo, e assim, pensei, iria manter o leitor interessado do início ao fim. O texto visa ampla divulgação para todos os cidadãos, especialmente para aqueles que estão de algum modo querendo contribuir para a elaboração de Planos Diretores que beneficiem os moradores da cidade assim como seus bens imobiliários, estes mais como valor de uso do que como valor de troca.

Este pequeno livro tem duas partes: na primeira, desenvolvo mais os fundamentos de uma explicação de como ocorre a estruturação das cidades. Na segunda, desenvolvo mais uma aplicação desses fundamentos, especialmente o papel do planejamento

---

[1] São Paulo, Nobel, 1988, hoje em sua 4ª edição.

da circulação urbana articulado ao do zoneamento do uso do solo, uma questão-chave, como demonstrarei, para assegurar a sua qualidade de vida.

Em apêndice, acrescento seis textos tornados públicos, por jornais ou posicionamento em congressos e reuniões de trabalho com órgão governamentais, que destacam falhas básicas do Plano Diretor Estratégico do Município de São Paulo (PDMSP) recentemente aprovado em agosto de 2002, e um posicionamento relativo a falhas sendo praticadas pelo poder público no encaminhamento da nova legislação específica de proteção aos mananciais de água da metrópole paulistana.

Gostaria de receber seus comentários sobre o mesmo, especialmente os que virem o seu aperfeiçoamento como um instrumento de conscientização do cidadão.

Não tive muito tempo para elaborá-lo, apenas algumas semanas, devido à urgência dos assuntos envolvidos. Por isso peço ao leitor que compreenda as falhas que porventura encontrar, como uma certa repetição de temas. Essa repetição, no entanto, ajuda a compreender a articulação dos temas entre si.

Candido Malta Campos Filho

Parte I
A LÓGICA DE FORMAÇÃO DO TECIDO URBANO

Capítulo 1
O AMBIENTE DE MORADIA
COMO FOCO DO SEU INTERESSE,
CIDADÃO DE SÃO PAULO

O texto que desenvolvemos ao longo dos capítulos que compõem este livro propõe-se a apresentar modos de análise das questões urbanas, partindo em um primeiro momento do nível local para o geral da cidade de São Paulo, com foco na ótica do cidadão comum. *O ambiente de moradia*, uma espécie de âncora do cidadão no espaço urbano, *é o nosso ponto de partida*. Mas não será focado o ambiente interno detalhado da moradia, ou seja, a sua arquitetura específica, mas sim o *tipo de edifício em que se localiza, e o que este tipo pressupõe como estilo de vida urbano*. *Os edifícios como organização interna pressupõem uma ideia de cidade e isso é poucas vezes percebido*. Como, por exemplo, a ausência de quintais ou espaços de lazer privados no lote da moradia produz provavelmente uma carência a ser resolvida no espaço coletivo da rua, da praça ou até em espaços privados ou semiprivados de vizinhos. Ou a produção doméstica da comida e da lavagem de roupas, que não gera a necessidade de serviços com essa finalidade nas suas proximidades. Parece um enfoque estático em que os tipos não se alteram com o passar do tempo. Veremos logo que introduziremos o processo de sua mudança, de alteração de sua organização interna por forças externas que os condicionam.

A partir da moradia como tipo, buscaremos conhecer os tipos de estruturação de bairros e quanto, por exemplo, os mesmos estão servidos de comércio e serviços e de equipamentos de educação, saúde, lazer e cultura, distinguindo claramente essas formas de organização em função do nível de renda e de estilos culturais de vida de cada família ou grupo social.

Em uma primeira abordagem, não se levará em conta o nível de renda ou as preferências culturais que podemos entender como típicas. Mais adiante isso será considerado.

A análise desenvolvida por enquanto não levará em conta os diferentes padrões sociais dos bairros, tampouco as áreas de problemática assemelhada conforme foi dividida a cidade de São Paulo pelo Plano Diretor, correspondendo a quatro tipos básicos de macrorregiões: 1) a do Centro Expandido consolidado; 2) a de uma área a ele adjacente em processo de consolidação; 3) uma terceira área adjacente à segunda, constituída em geral por bairros periféricos em desenvolvimento; e 4) uma quarta região constituída por áreas de ocupação rarefeita ou não, que devem ter preservação ambiental (ver Desenho 1). Essas especificidades serão objeto de capítulos posteriores.

Desenho 1
Os quatro tipos básicos de macrorregiões da cidade de São Paulo.

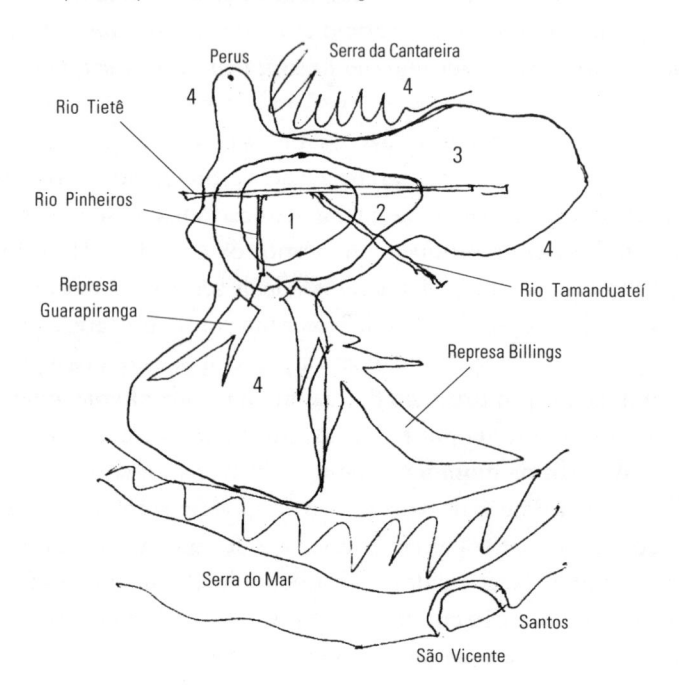

Candido Malta Campos Filho

Capítulo 2
A ORGANIZAÇÃO URBANA DO COMÉRCIO, DOS SERVIÇOS EM GERAL E DOS SERVIÇOS DE EDUCAÇÃO E SAÚDE

Propõe-se assim, nesta abordagem inicial, que cada cidadão examine como a sua vida está organizada para se servir do comércio e dos serviços, em três níveis de sua organização. Essa questão será abordada desde o nível do espaço organizado no entorno imediato da moradia e, aos poucos, ampliada para questões de abrangência cada vez maior.

Esses três níveis são:

1) O comércio e serviço de apoio imediato à moradia, que tende a ter uma frequência diária ou semanal de utilização, caracterizado como "local". Exemplos: o açougue, a quitanda, o bar ou boteco, o pequeno supermercado ou mercadinho, o barbeiro, o cabeleireiro etc.

2) O comércio e serviço ainda de apoio à moradia mas de frequência menor de demanda, caracterizado como "diversificado". Exemplos: a loja de sapatos, de roupas, de eletrodomésticos, o supermercado grande etc.

3) O comércio e serviço de apoio a outras atividades urbanas, caracterizado como típico de centros de hierarquia superior de cidade com toda a diversificação possível coerente com o mercado para o qual é oferecido, com frequência de demanda muito menor, rara e até esporádica (frequência semestral, anual ou até maior). Exemplos: relojoaria, artigos de cama e mesa, de automóveis, de equipamentos para indústrias, para a realização das atividades de comércio e serviços etc.

Essa abordagem *pela frequência da demanda* tem a qualidade de colocar a questão da mobilidade urbana em foco, que é o maior problema urbano da cidade. *Em princípio, podemos dizer que para o morador interessa que, quanto maior for a frequência da demanda, mais fácil deve ser o acesso a esse comércio ou serviço.* Isto é, o "local" deve estar o mais perto de sua casa; o "diversificado" pode estar um pouco mais longe, e o "sofisticado" mais longe ainda. Não que tenha que ficar mais longe; tê-los por perto significa, como veremos, aceitar viver em bairros centrais com certos inconvenientes e qualidades próprias. Mas isso será mais bem discutido a seguir.

Desenho 2
A lógica da localização da moradia
em relação ao comércio e serviços locais.

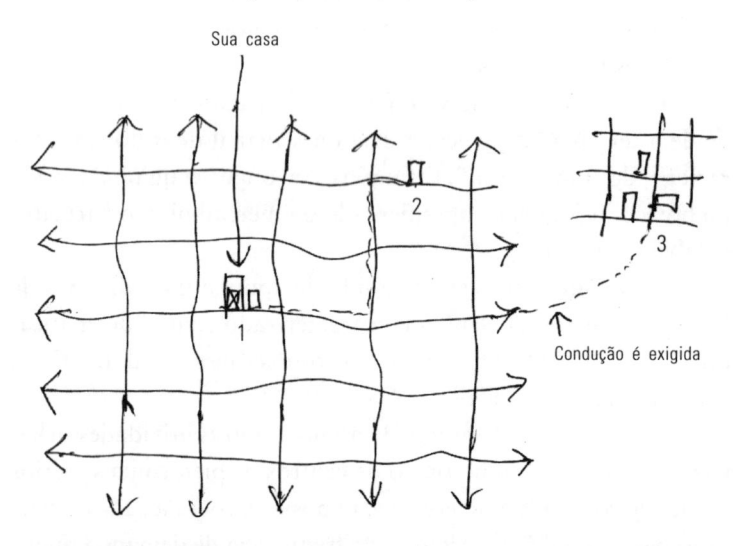

O comércio e os serviços locais, de apoio a moradia, podem ficar ao lado da sua casa (1), perto a uma distância confortável a pé (2), ou distante o suficiente para exigir uma condução (3).

O mesmo raciocínio pode e deve ser feito em relação ao comércio e aos serviços diversificados, assim como para os equipamentos de educação e saúde de uso mais ou menos frequente.

Capítulo 3
A ESCOLA E O POSTO DE SAÚDE:
ONDE DEVEM FICAR?

Com relação aos serviços de educação e saúde, especialmente aqueles de realização diária, como o maternal, a pré-escola e os ensinos fundamental e médio, que atendem crianças e adolescentes, podemos dizer que, por sua frequência e pelas questões de segurança envolvidas na circulação urbana, exigem das famílias uma atenção especial.

Tenhamos presente que, tanto para a organização do comércio e serviços em geral como dos serviços de educação, devem ser discutidos a realidade presente nas diversas configurações da estruturação urbana e os tecidos correspondentes, avaliando-se as suas qualidades e dificuldades.

De um lado, há o problema da família fazer com que a criança vá para a escola em segurança. Isso ocorrerá tanto com a criança que precise ser levada no colo ou acompanhada pela mãe ou pessoa mais velha de confiança, como com aquela que pode ir sozinha, a pé ou de condução. Esta questão dependerá da distância e dos caminhos que a criança terá que percorrer em segurança, e se vai a pé ou com alguma condução pública ou privada, coletiva ou individual. O grau dessa mobilidade urbana afetará o custo material (tempo) e econômico (gasto com transporte) e o envolvimento maior ou menor de familiares ou amigos acompanhantes. De modo geral, pode-se dizer que a proximidade desses equipamentos em relação à moradia é desejável, de modo a permitir que a criança com idade suficiente possa andar a pé sozinha em poucos minutos e com segurança de sua casa até ele. Nos planos de bairros populares desenvolvidos no escritório profissional que tenho com o arquiteto e urbanista Luiz Carlos Costa (Urbe Planejamento, Programação e Projetos), 800 metros tem sido a distância máxima definida como cômoda para se andar a pé até o comércio, serviço ou equipamentos sociais. Essa distância não é definida tecnicamente. É uma definição dependente de uma opção por se andar a pé maiores ou menores distâncias. Há, por exemplo, aqueles que não gostam de andar a pé e depois pagam academias de ginástica para gastar energia física acumulada. Um certo contrassenso, admitamos. A questão da escolha do melhor serviço influi nessa definição porque muitas vezes o melhor serviço pode estar mais longe do que se pode percorrer a pé, o que exigirá um esforço adicional, como pegar um ônibus, um táxi ou um automóvel.

Um conjunto de moradores organizados e tomando conta de uma escola ou posto de saúde vizinho facilmente acessível a pé e garantindo qualidade de atendimento por uma gestão compartilhada, especialmente quando se trata de equipamentos da rede pública estadual ou municipal, parece ser um objetivo desejável para a maioria dos cidadãos, tanto os de baixa como os de média renda. Esse tipo de organização urbana tem sido conseguido na maioria das cidades do chamado Primeiro Mundo. Conseguiremos isso para nós em São Paulo?

Capítulo 4
O COMÉRCIO DEVE FICAR ENCOSTADO, PERTO OU LONGE DE SUA MORADIA?

A proximidade espacial do comércio e dos serviços estará definida pelo mercado imobiliário, em grande medida, quando não houver planejamento público ou privado interferindo nessa lógica, no que se refere àqueles que são oferecidos pelo setor privado. Aqueles que dependem de oferta pública ficarão na dependência de critérios públicos de localização de seus equipamentos de educação, saúde e lazer.

Nem sempre a lógica locacional do mercado imobiliário ou a do poder público atende o interesse da maioria. Muitas vezes o poder público, movido pela necessidade de dar a maior visibilidade possível a suas ações para obter o necessário apoio nas urnas, localiza esses equipamentos em lugares barulhentos e perigosos devido ao tráfego de veículos, quando seria melhor que os mesmos, especialmente os destinados a mães, idosos e crianças, estivessem em lugares tranquilos de um bairro. Verifique no seu bairro qual critério foi utilizado na localização das escolas e creches ou outro equipamento destinado a pessoas mais vulneráveis.

Entendendo que o comércio e os serviços diversificados se beneficiam da alta acessibilidade das vias movimentadas, assim como as delegacias de polícia, os postos de bombeiros, as instalações de educação e saúde que dependam da acessibilidade gerada por corredores de transporte, especialmente as que atendem jovens e adultos, muitos urbanistas defendem diretriz pública nesse mesmo sentido, embora o mercado já tenda a localizar tais atividades nesses locais quando são atividades privadas. Esses urbanistas, entre os quais me incluo, querem que o poder público distinga claramente as atividades que se beneficiam da localização nos corredores de transporte das que são prejudicadas por essa mesma localização. Tais urbanistas defendem assim uma diretriz urbanística de planejamento que — pelo zoneamento e pelo direcionamento do investimento público, como nos planos de nível local, seja ele regional, como nas subprefeituras, seja ele no bairro e nas operações urbanas, estes "locais" inseridos naquele "regional" — distinga clara e enfaticamente as "ilhas de tranquilidade" dos "rios de tráfego intenso".

Capítulo 5
O CONCEITO DE
UNIDADE AMBIENTAL DE MORADIA

O conceito de unidade ambiental de moradia (ver Desenho 3) consagra essa diretriz como unidade territorial de um estilo de morar, pelo qual as energias físicas e emocionais gastas na luta pela vida durante o trabalho são recompostas no espaço de morar, propiciada essa recomposição pela tranquilidade do local onde se mora.

Desenho 3
O conceito de unidade ambiental de moradia.

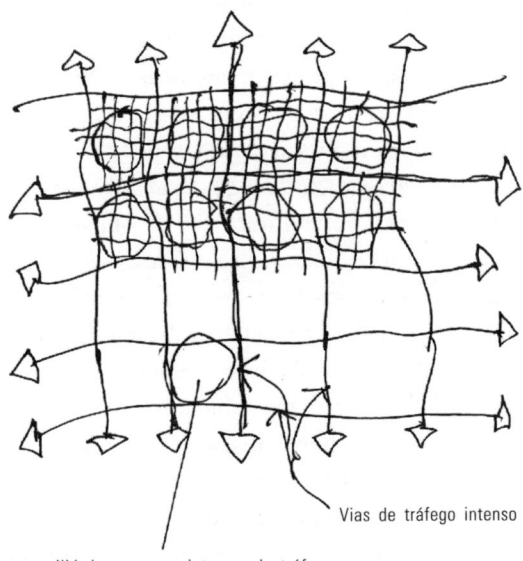

Vias de tráfego intenso

Ilhas de tranquilidade com ruas internas de tráfego apenas local, com pouco ou nenhum tráfego de passagem

E este espaço de morar, ao invés de estar confinado no espaço interno do lote — mesmo que este inclua algum espaço livre, verde quando possível e desejado pelos moradores — *se espraiaria para o espaço de uso coletivo da rua, da praça (quando existe) e dos parques (estes muito raros nas cidades brasileiras). Esse espraiamento da tranquilidade encontra-se hoje conflitando com o uso cada vez mais intenso dos veículos, que provocam a degradação ambiental do espaço de uso coletivo.* Inclusive a violência urbana do roubo, do assalto e do sequestro, por sua vez, se soma à poluição ambiental trazida pelo excesso de veículos, e *conjuntamente empurram os cidadãos para trás de grades e paredes e trancas e sistemas cada vez mais sofisticados de alarme e supervisão, isolando-os do espaço de uso coletivo, separando e isolando os cidadãos entre si.*

De cidadãos, enriquecidos culturalmente com os contatos humanos variados, diversificados e até certo ponto imprevisíveis que a cidade propicia, que é a essência do conceito de "urbanidade", vão passando a simples indivíduos, perdendo sua humanidade, *cada vez mais dependentes de meios eletrônicos para se comunicarem entre si. Tal modalidade de comunicação não consegue substituir o contato pessoal físico, envolvendo todos os sentidos, e o emocional, que se enriquece com esse maior envolvimento.*

Desse modo, podemos dizer que, provavelmente, a maioria das pessoas que vivem nas cidades gostaria de ter um espaço mais tranquilo para morar, podendo dispor de opções de ambientes mais intensos e agitados, quando isso é desejado ou inevitável.

A organização da cidade em *unidades ambientais de moradia de qualidade variada* propicia essa diversidade ambiental.

Sempre haverá na cidade áreas com ambientes mais ruidosos e agitados tanto durante o dia como durante a noite, para quem assim preferir. Podemos chamá-los de ambientes "24 horas", como algumas áreas de vida noturna intensa, ou algumas ruas e praças que ao longo da história de uma cidade conformaram tal ambiente ou foram produzidos por intenção deliberada do planejamento urbano, como as chamadas "ruas 24 horas".

É possível, portanto, identificar uma gradação de níveis de tranquilidade no espaço de uma cidade. Desde o mais tranquilo possível, o de uma rua apenas com moradias e sem saída (assim denominada equivocadamente, pois se sai por onde se entra!), até o mais barulhento, junto a casas de festas e shows, bares e restaurantes quando se abrem para o espaço urbano do entorno.

O cidadão deve, ao avaliar o tecido urbano onde mora, verificar o nível de tranquilidade que hoje possui, e o nível de tranquilidade para o qual o bairro se dirige, dado o processo de transformação urbana por que passa a região onde mora e especialmente o bairro e a rua onde vive. O nível de ruído pode ser medido por aparelhos específicos. Dois fatores se conjugam nesse processo: o tipo de mobilidade das pessoas, por onde passam e quais meios de transporte utilizam, e por quais vias tendem a transitar e quais meios de transporte tendem a usar, mudando seus meios atuais.

É claro que, analisando o conjunto de uma macrorregião e, no caso de São Paulo, o município inserido na região metropolitana, tais transformações ficam mais claras. É o que se busca levantar a cada dez anos e agora a cada cinco anos com pesquisas científicas da origem e destino do tráfego na metrópole. A primeira pesquisa foi feita em 1967, a segunda, a terceira, e a quarta, em 1977, 1987 e 1997, e agora, em 2002, a quinta pesquisa. São pesquisas muito caras, por amostragem domiciliar (5% dos domicílios, o que é uma amostra científica) e por linhas de contorno de áreas específicas centrais, Centro Expandido e do conjunto da área urbanizada, onde se mede diretamente o tráfego nas principais vias. É um trabalho que pode e deve ser feito com grande seriedade, pois dele se extraem as conclusões sistemáticas, científicas. Isso é feito mediante um cálculo que utiliza metodologia técnico-científica da capacidade de suporte para cada região, em função do sistema de circulação existente e do que se pretende implantar. Na Escola Politécnica da USP, por exemplo, professores ensinam e aperfeiçoam tais técnicas. Nos EUA, o governo central só dá dinheiro às prefeituras para implantar projetos de circulação se tais métodos comprovam a necessidade e adequação dos investimentos. Aqui no Brasil ainda não definimos legalmente tal obrigatoriedade. Mas em São Paulo, pelo Plano Diretor, tal obrigatoriedade foi introduzida. Os Planos Diretores anteriores municipais (PUB, Plano Urbanístico Básico do Município de São Paulo, 1968) e metropolitanos (PMDI, Plano Metropolitano de Desenvolvimento Integrado, 1970, do qual fui um dos diretores) consideram tais técnicas imprescindíveis. Por isso, não há razão alguma para não utilizá-las.

O zoneamento deve nascer desses cálculos no que se refere à intensidade do uso do solo.

Desenho 4
As diferentes capacidades de suporte do sistema de circulação.

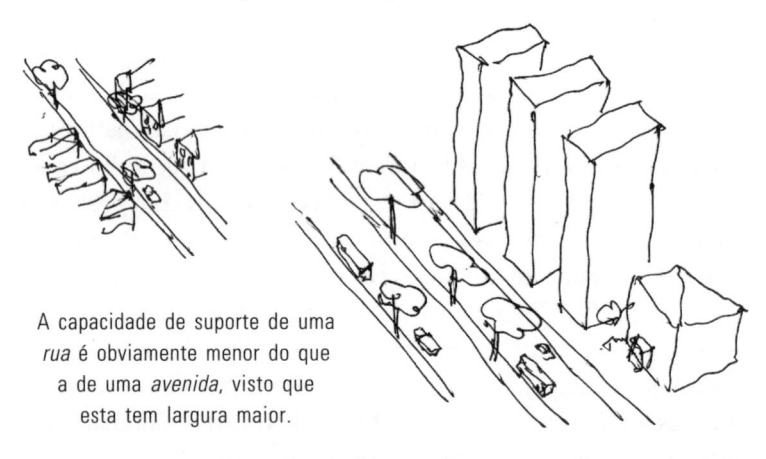

A capacidade de suporte de uma *rua* é obviamente menor do que a de uma *avenida*, visto que esta tem largura maior.

Não se pode permitir a instalação de atividades que exigirão maior capacidade de circulação do que conseguimos implantar, dados os recursos disponíveis, que têm sido escassos. Se não agirmos assim, estaremos fazendo o jogo da especulação imobiliária, gerando ganhos indevidos para os que construíram mais sem pagar pela infraestrutura que possa suportar essa maior carga de demanda por circulação daí decorrente. Esse preço será jogado para nós, com o tempo, até que paguemos essa conta de modo disfarçado, pois estará diluído nos orçamentos públicos ao longo dos anos. Se nos recusarmos a esse pagamento, argumentando corretamente que não fomos os causadores do problema, sofreremos as consequências das deseconomias sociais, econômicas e ambientais decorrentes desse excesso de atividades nas regiões por ele afetadas, resultando cada vez mais em estressantes desordens ambientais e congestionamentos do tráfego. Estaremos entre a cruz e a espada.

Lutar pela qualidade de vida, o que para a maioria dos cidadãos provavelmente significa um estilo de vida mais tranquilo, é lutar por um cálculo científico da intensidade de usos permitida pelo zoneamento em coerência com determinado sistema de transporte existente ou a ser construído, previsto por um sério e sistemático planejamento. É isso que esperamos ainda do novo Plano Diretor, num segundo tempo, como se verá a seguir.

Desenho 5

A proporção entre ônibus e automóveis e as mudanças da capacidade de suporte para um mesmo sistema viário.

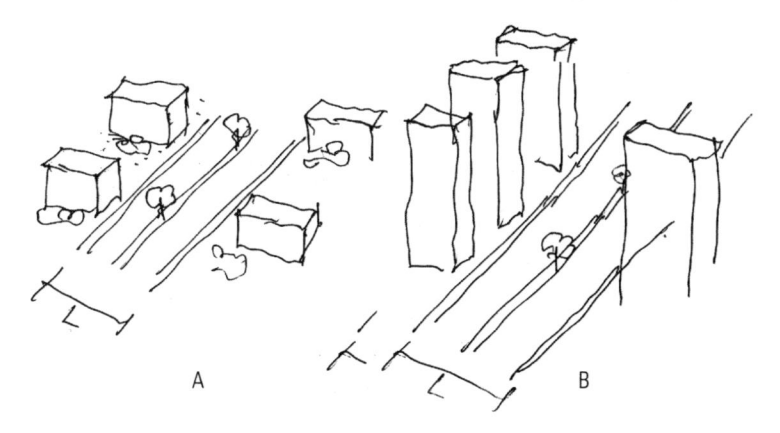

Quanto *maior* for a proporção de automóveis usando tanto uma avenida como uma rua, *menor* será a sua capacidade de suporte.

A mesma avenida no desenho A: se o uso dela é mais por automóveis ela suporta prédios baixos distantes entre si.

A mesma avenida no desenho B: se o uso dela é mais por ônibus ela suporta prédios mais altos e mais juntos entre si.

Daí porque não se pode aceitar que o Plano Regional tenha essa intensidade definida sem que um sério e sistemático cálculo, com a utilização das melhores técnicas disponíveis, seja elaborado. Foi o que se quis ao se definir, na lei do Plano Diretor, que o Plano Regional depende, para a sua elaboração, de que sejam articuladamente feitos com ele o Plano de Transporte, o de Uso do Solo e o da Habitação para o conjunto da cidade, todos com data definida pelo Plano Diretor a serem terminados, ao mesmo tempo, em 30 de abril de 2003.

Provavelmente, essa simultaneidade não será cumprida, devido à subordinação do particular, que é o Plano Regional de cada uma das subprefeituras, ao geral, que corresponde aos Planos de Transporte, de Uso do Solo e da Habitação para o conjunto do município.

Isso provavelmente nos levará a pedir uma prorrogação dos prazos finais para além de 30 de abril de 2003, pelo menos para os Planos Regionais. Isso se os Planos gerais em questão acabarem a tempo e a contento, tecnicamente falando.

Capítulo 6
OS TRÊS NÍVEIS DO CÁLCULO
DA CAPACIDADE DE SUPORTE
DO SISTEMA DE CIRCULAÇÃO

Faz-se necessário, portanto, dadas as gigantescas dimensões desta metrópole, levantar e avaliar claramente a capacidade de suporte por níveis estruturais do sistema de circulação.

Há um *primeiro nível da estrutura urbana metropolitana* (ver Desenho 6), um *segundo nível da estrutura urbana municipal* (ver Desenho 7) e um *terceiro nível da estrutura urbana regional ou da subprefeitura* (ver Desenho 8).

Desenho 6
1) O nível metropolitano,
que é o de um Plano Diretor Metropolitano.

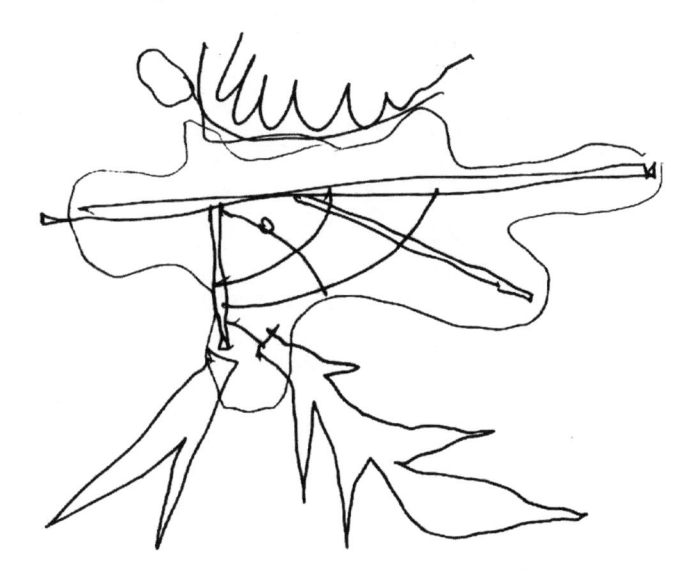

Desenho 7

2) O nível municipal, que é o do
Plano Diretor do Município de São Paulo.

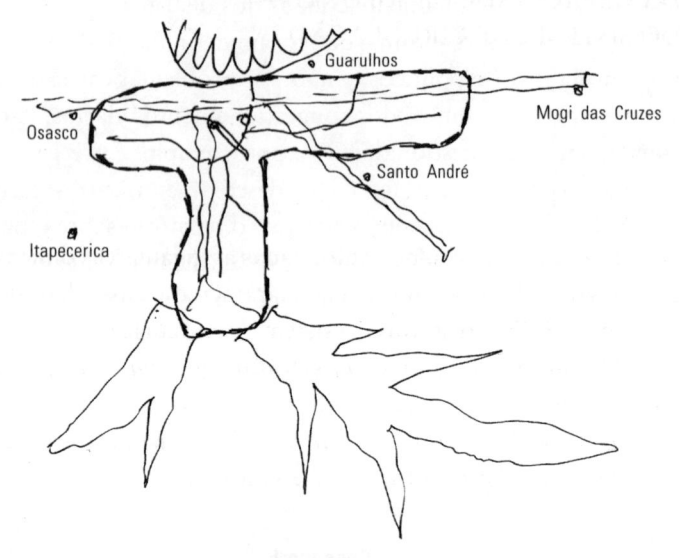

Desenho 8

3) O nível das 31 subprefeituras:
o dos Planos Regionais.

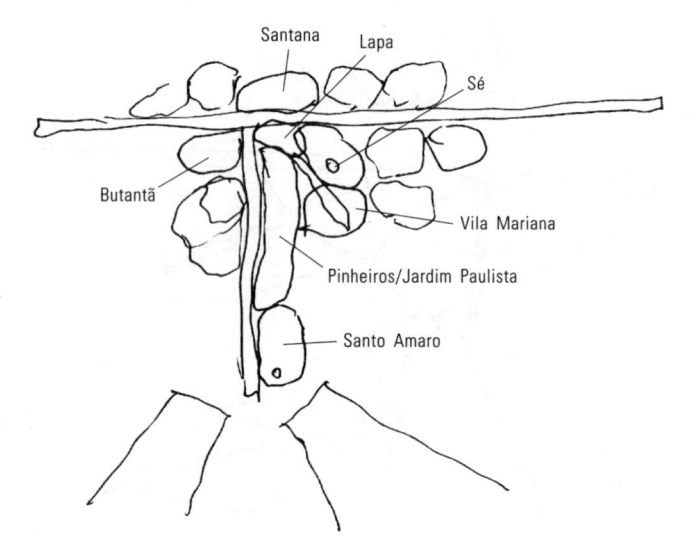

Candido Malta Campos Filho

O nível dos Planos Regionais e das subprefeituras apresenta dificuldades técnicas de definição, pois as bacias de circulação não coincidem minimamente com as dos distritos usados para a definição das subprefeituras, que foram definidas mais por critérios burocráticos e políticos, e não por problemáticas urbanas a serem resolvidas, como a dos congestionamentos viários. Para se equacionar os congestionamentos, por exemplo, é preciso se raciocinar por bacias de tráfego. Esse descolamento entre o território abrangido por cada subprefeitura e o território sobre o qual o problema a ser resolvido se coloca, reduz a capacidade de atuação na solução dos problemas urbanos mais estruturais.

Há ainda um *quarto nível, que é o das vias de um bairro*, incluindo todas as vias coletoras e locais.

Desenho 9
4) O nível do seu bairro: o nível local.

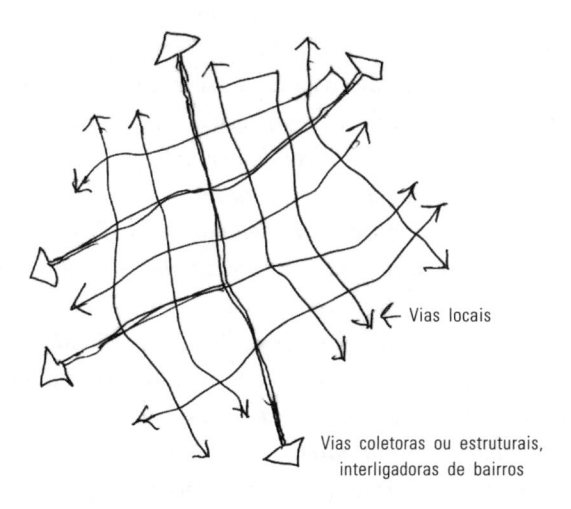

Vias locais

Vias coletoras ou estruturais, interligadoras de bairros

Nelas, a pressão do crescente número de veículos leva a se querer fazer subir uma via na hierarquia do sistema de circulação. *Isso acontece quando a CET (Companhia de Engenharia de Tráfego) pensa em transformar uma via local em via de passa-*

gem de muitos veículos para resolver problemas de congestionamentos nas vias do sistema até então considerado principal. Mais especificamente, isso ocorre quando se quer transformar uma via local em coletora, ou uma via coletora em estrutural, *mesmo sem ampliar sua capacidade de circulação*, elevando o nível hierárquico pelo papel que passam a cumprir, mesmo que precariamente.

Por trás dessa lógica de circulação, que degrada vivencialmente a qualidade de vida dos usos lindeiros do novo local por onde passará esse movimento crescente de veículos, está à espreita, sub--reptícia ou declaradamente, a lógica especulativa, segundo a qual os usos devem propiciar o máximo lucro locacional, tendo como pretexto a lógica da circulação.

Pesquisas realizadas nos Estados Unidos por pesquisadores da Universidade da Califórnia, em Berkeley, na região metropolitana de São Francisco, mostram que lá existe uma concordância pública de que, para até *três veículos por minuto*, ou cerca de 180 por hora, *há uma convivência pacífica e até produtora de uma animação da vida de rua* e, portanto, entre os moradores e usuários dos prédios lindeiros a ela e os que passam por ela a pé ou no interior de veículos. *Aumentando para a faixa de três a oito veículos por minuto, o nível de perturbação passa a ser pior porém tolerável. Mas quando o seu número aumenta para mais de oito por minuto, ou seja, um veículo a cada 7 ou 8 segundos, entra-se na faixa de um nível ambiental da rua muito desagradável e os cidadãos abandonam as ruas como espaço de convívio e se isolam dentro dos lotes e suas edificações, criando barreiras protetoras entre o espaço público degradado e o espaço privado, resguardado. No entanto, por isso os especuladores querem mudar o zoneamento, permitindo usos mais intensos ao longo dessas vias, que vão se transformando em corredores de circulação.*

Isso poderá valorizar por um tempo os imóveis envolvidos, gerando pontos de comércio e serviços, até que a partir dos 800 veículos por hora por faixa de tráfego, ou seja um veículo a cada 5 segundos, se instala um nível de degradação que desvaloriza muito os imóveis. Mas então o especulador, especialmente o da

Candido Malta Campos Filho

burguesia predadora, espertamente já vendeu e se mudou, como moradia ou apenas como negócio de investimento, para outro local, onde poderá repetir o processo especulativo e depredador! Esse processo está visível em seu início, por exemplo, na Avenida Brasil. Está em sua fase final na Avenida Santo Amaro. Está em fase intermediária na Avenida Rebouças. Muitos outros exemplos poderiam ser citados.

Assim, podemos concluir que viver com maior ou menor qualidade de vida depende hoje, em São Paulo, de sabermos utilizar os meios de circulação em nosso benefício, para melhorarmos a nossa qualidade de vida, e não para piorá-la e destruí-la em benefício de alguns espertos. Isso significa o poder público, através dos diversos meios de que dispõe e em nosso nome, controlar o modo de transporte, se individual ou coletivo, e quanto a este, se ônibus, em suas várias dimensões, ou o veículo sobre trilhos, destacadamente o metrô. E esse controle terá que incluir um grande entrosamento com a regulação do Uso do Solo. E esse entrosamento entre Uso do Solo e Transporte tem sido difícil, porém não impossível de implementar. Mas este entrosamento é uma chave para encontrarmos a solução necessária.

Capítulo 7
O CONCEITO DE
UNIDADE AMBIENTAL DE MORADIA
ESTABELECE "ILHAS DE TRANQUILIDADE URBANA",
COMO NAS PEQUENAS VILAS

As unidades ambientais de moradia são aquelas em que se conseguiu controlar o aumento do volume de veículos atravessadores de um bairro, estabelecendo nele "ilhas de tranquilidade". Essas ilhas podem ser ruas com volume de tráfego controlado, o que podemos chamar de "travessia civilizada", ou ruas sem saída, vilas, ou o tráfego de passagem dificultado ou proibido para um conjunto de quadras. Esse conceito será tanto associado a um uso civilizado e contido do automóvel nas áreas em que isso ainda é possível, porque a densidade das atividades urbanas associada a um determinado sistema viário assim o permite, como também nas áreas em que o adensamento já atingiu tais níveis que só o transporte coletivo consegue dar conta, com qualidade de serviço, do volume de circulação que já se produz ou que venha em horizonte previsível de tempo de planejamento, a se produzir. *Neste caso, em que se deseja a redução do uso do automóvel, um transporte coletivo que cumpra o mesmo papel de oferta de uma mobilidade multidirecional terá que ser proposto, como através das malhas cerradas de micro-ônibus e de malhas cerradas de metrô.* Ao mesmo tempo, e o estudo de cada caso o dirá, muitas vezes a solução do bolsão no seu interior se imporá como protetor do tráfego de passagem, só permitindo o tráfego local, como solução extrema, devido às fortes pressões existentes. Mais adiante explicaremos melhor como conseguir uma garantia de tranquilidade nas ruas quanto ao tráfego, planejando essas *unidades ambientais de moradia*, com ou sem bolsão protetor contra um excessivo volume do tráfego de passagem.

Candido Malta Campos Filho

Note-se que, ao contrário do que se argumenta, a garantia do convívio entre pessoas do bairro ou de fora do bairro que vêm nele passear, em busca de sua tranquilidade, depende de se impedir o tráfego excessivo de veículos por dentro dele. É o que se vê, por exemplo, no Brooklin Velho. *O que exclui socialmente o convívio enriquecedor urbano é o uso excessivo do automóvel, depredando a qualidade ambiental*; transformando a rua de lugar de convívio em não-lugar, como conceitua o antropólogo francês Marc Augé, um dos grandes teóricos do urbanismo contemporâneo. *Quem privatiza o uso público do espaço viário é o pequeno número dos que estão dentro dos numerosos automóveis que ali passam em excesso.*

Desenho 10
A malha multidirecional de transporte coletivo.

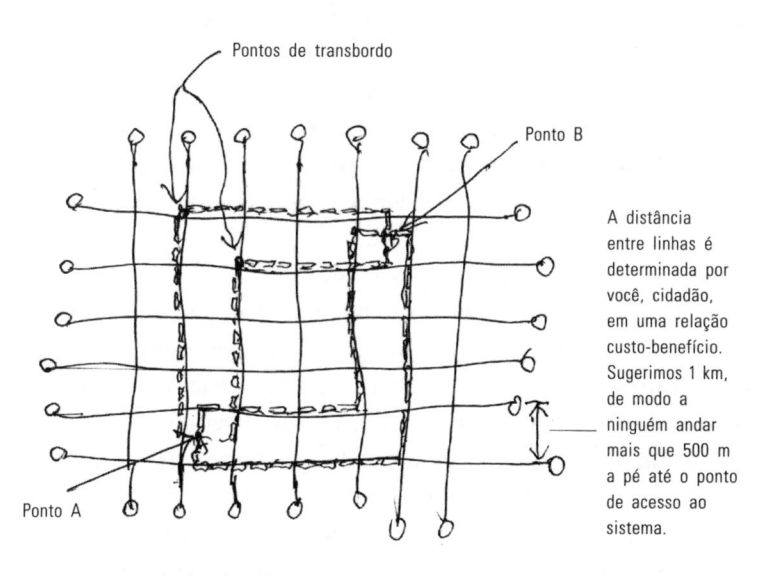

Pontos de transbordo

Ponto B

Ponto A

A distância entre linhas é determinada por você, cidadão, em uma relação custo-benefício. Sugerimos 1 km, de modo a ninguém andar mais que 500 m a pé até o ponto de acesso ao sistema.

Em formulação abstrata a malha de micro-ônibus é idêntica a do metrô, só que com capacidade de suporte logicamente muito menor. Para se andar entre 2 pontos situados em diagonal na malha, que é a situação mais desfavorável de deslocamento por um sistema de transporte coletivo em malha, haverá 4 opções com um único transbordo, como se vê no desenho acima.

Capítulo 8
O CONCEITO DE MALHA CERRADA
DE TRANSPORTE COLETIVO

Esse conceito corresponde a um sistema de linhas de transporte coletivo, sobre trilhos ou sobre pneus, formando malhas que, quando estamos dentro de quaisquer delas, não precisamos andar mais que uma distância que admitimos ser aceitável em termos de conforto e segurança, para ir a pé acessando o sistema em um ponto de entrada do mesmo, num ponto de ônibus ou estação de metrô, por exemplo (ver Desenho 10). Esta unidade territorial pode ser, assim, a *unidade ambiental de moradia* que define a sua dimensão pela distância máxima a ser andada com conforto para se acessar o comércio e serviço locais, quando for o caso, assim como os equipamentos escolares e de saúde de grande frequência de uso. Temos usado em planos de bairro que desenvolvemos 800 m como distância máxima para se andar a pé. Mas você, cidadão, é o árbitro para defini-lo.

O sistema de transporte coletivo em São Paulo nasceu e se desenvolveu de forma radial e concêntrica, da periferia para o Centro Histórico da cidade, a partir da matriz histórica dos caminhos regionais dos tropeiros e bandeirantes (ver Desenho 11). Até hoje o sistema conta com poucas linhas de transporte coletivo que não sejam radioconcêntricas, tais como as do espigão da Paulista, as da Avenida Angélica, da Avenida Mateo Bei, na Zona Leste, ou ainda da Avenida Tereza Cristina, no Ipiranga (ver Desenho 12).

A partir desse sistema radioconcêntrico é possível ir desenvolvendo essa malha, que é o que de certa forma está sendo feito com base no plano de transporte recentemente aprovado na Câmara Municipal, e que é parte integrante do PDMSP 2002.

Desenho 11
A matriz histórica radioconcêntrica dos caminhos regionais, formadora de nossa estrutura urbana.

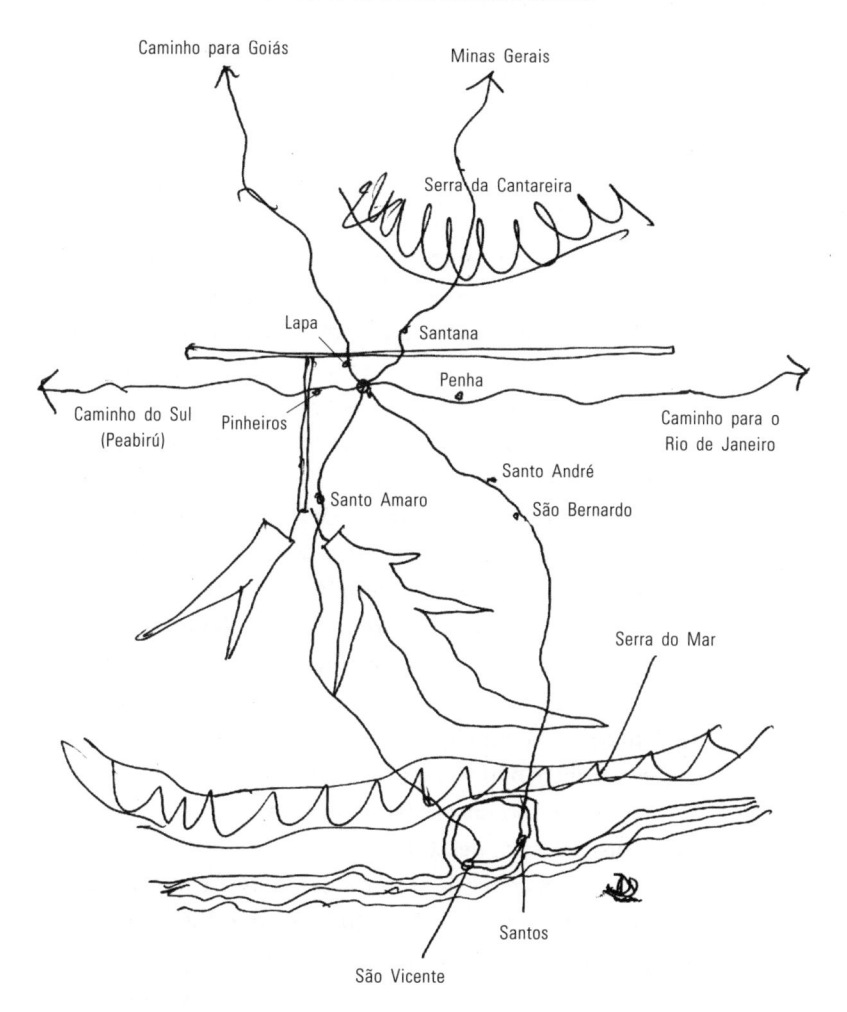

É importante ressaltar, no entanto, que *esse plano de transporte recentemente aprovado por lei* (que será complementado pelo outro Plano de Transporte a ser apresentado em 30 de abril de 2003) *visa racionalizar o sistema municipal de transporte co-*

letivo existente. Não pôde, por enquanto, incluir o transporte coletivo metropolitano, que depende do poder estadual, caso dos ônibus intermunicipais, metrô e trens de subúrbio gradativamente transformados em metrô. O Plano Diretor incluiu algumas poucas diretrizes mais consensuais, como a linha 4: Vila Sônia-Rebouças-República, e a linha 5 do Metrô: Santo Amaro-Avenida Ibirapuera-Vila Mariana. Excluiu maiores visões de futuro, mesmo porque, para evitar tal crítica, reduziu o horizonte de tempo de 2020 para 2012. Para incluir diretrizes com um fôlego maior, é preciso um entendimento técnico-político ainda a ser feito entre o Governo Estadual e os municipais da região metropolitana, que somam 38 municípios, incluindo a cidade de São Paulo, o que, por razões políticas, sabemos não será fácil implementar. Mas fazê-lo é uma exigência constitucional federal, e por isso dela não se pode escapar (ver o texto "A mais grave lacuna do Plano Diretor Estratégico", ao final deste volume).

Também o Plano de Transporte recentemente aprovado pela Câmara Municipal em separado do Plano Diretor, ao apenas racionalizar o sistema existente, não definiu proposta para o futuro. Esta ficou por conta do Plano Diretor, e este, como vimos, reduziu o horizonte de tempo de planejamento para dez anos, enquanto o governo estadual, para o plano de transporte metropolitano PITU 2020, tem como horizonte de tempo vinte anos. Mais um descompasso entre o nível estadual e municipal que ficou para ser resolvido no Plano de Transporte e de Circulação que deverá ficar pronto até abril de 2003.

Mas, contraditoriamente, embora não quisesse inovar para não ter que discutir com o nível estadual tais questões, a Prefeitura "espichou" a linha que termina hoje na Vila Madalena (a linha da Paulista) até o CEAGESP, uma inovação que não sabemos se conta com o apoio do Governo Estadual. É uma extensão que o secretário Jorge Wilheim sempre defendeu, como em 1983 no Plano Diretor que elaborou para o então prefeito Mario Covas, plano esse que não chegou a ser aprovado pela Câmara Municipal, já que foi entregue a ela pelo prefeito na última semana da sua gestão, como a sugerir que não acreditava muito em suas propostas.

Ao nosso ver, o único modo de eliminar esse desencontro é o município de São Paulo e os municípios vizinhos adotarem o mesmo horizonte de tempo do plano metropolitano de transporte urbano, que é o ano 2020. Só assim será possível o imprescindível planejamento conjunto entre o governo estadual e os governos municipais envolvidos na metrópole. Só assim poderemos ver solucionados os congestionamentos que sofremos. Temos que, como cidadãos, exigir, por todos os meios ao nosso dispor, que esse entrosamento técnico-político seja efetivado.

Voltando à questão das malhas cerradas de transporte coletivo, observamos que uma malha que é ortogonal na escala no bairro é influenciada pelas avenidas radiais na escala da cidade.

Desenho 12

A influência das grandes avenidas radiais da cidade na malha viária ortogonal dos bairros.

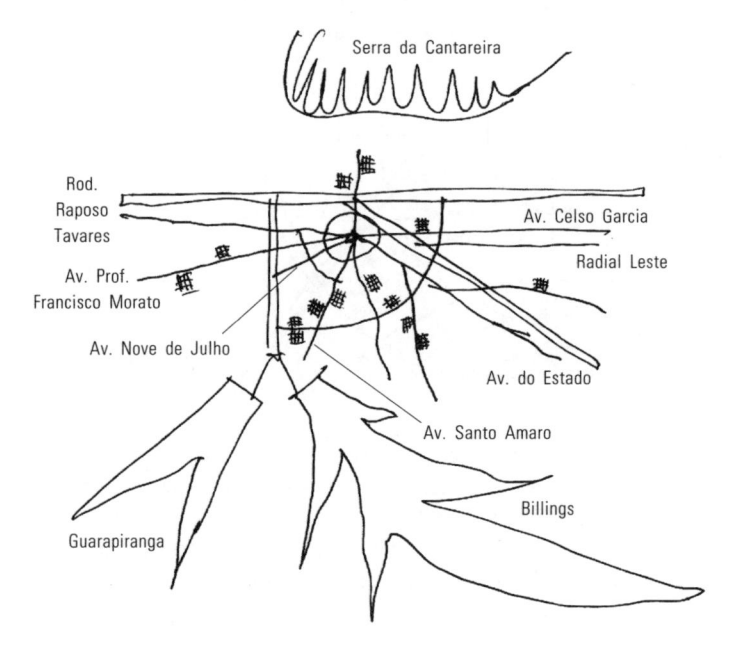

Ocorre que ninguém gosta de mudar de modo de transporte: por exemplo, do micro-ônibus ou van para o ônibus e deste para os trens dos subúrbios e o metrô. Esse transbordo toma tempo e, por enquanto — enquanto a tarifa única integrada não for implantada, o que depende de acordo ainda a ser obtido entre os governos municipais da região metropolitana, incluindo o município de São Paulo, e o Governo Estadual — custa mais dinheiro.

Por isso devemos caminhar para a introdução no Centro Expandido de malhas cerradas unimodais de transporte coletivo que ofereçam o suficiente conforto, pela ausência de transbordos, que possa atrair o automobilista de seu elevado patamar de conforto, pois o serviço que utiliza é porta a porta, nem precisando andar trechos a pé, a menos quando o estacionamento fica longe (e os "valet service" estão proliferando por isso mesmo, assunto sobre o qual também devemos tomar posição).

Desenho 13
O conceito de malha cerrada de transporte coletivo
adaptada ao sistema hidrográfico de São Paulo.

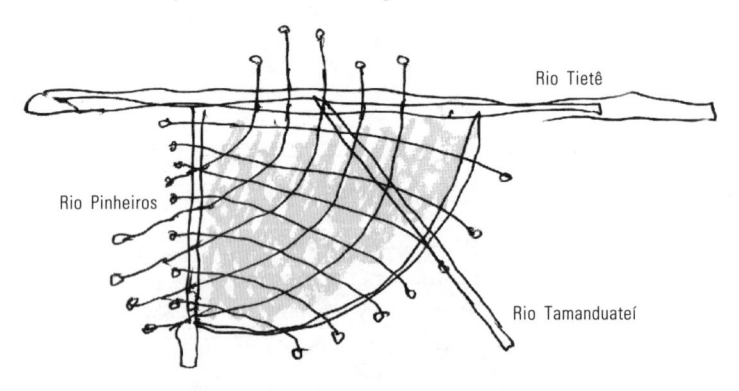

O conceito de malha cerrada adaptada ao sistema viário existente seguindo aproximadamente espigões e fundos de vale, que corresponde ao traçado viário básico existente no Centro Expandido.

A malha cerrada do metrô em rede subterrânea não necessariamente seguirá como traçado o da malha de micro-ônibus de mais qualidade, que lhe será precursora.

Candido Malta Campos Filho

Uma primeira malha com esse objetivo poderá ser propiciada por micro-ônibus especiais, com ar condicionado e tarifa mais elevada que a do já previsto sistema local de micro-ônibus, alimentador dos troncos de ônibus de grande capacidade. *Será uma malha complementar ao sistema principal de transporte coletivo. É o que estamos propondo desde 1988, e agora está prestes a ser implantado, pois conta com a concordância do governo municipal e integra o PDMSP 2002. O outro sistema unimodal que cria uma acessibilidade multidirecional idêntica à propiciada pelo automóvel será uma malha cerrada de metrô, no Centro Expandido, onde as densidades de uso do solo assim exigirem. É nessa direção que temos que caminhar, e esse deve ser o objetivo maior de um Plano de Circulação e Transporte associado a um Plano de Uso do Solo e um de Habitação, previstos pelo PDMSP 2002 para ficarem prontos até 30 de abril de 2003.*

O cálculo dessa relação de *Circulação* com a *Densidade de Uso do Solo* deve levar em conta o tipo modal de circulação utilizado pelo cidadão. *Quanto maior for a proporção da modalidade transporte coletivo, maior poderá ser a Densidade de Uso do Solo e vice-versa. A dosagem modal é assim outra questão-chave. O problema é que estamos ainda na direção errada. A proporção do transporte coletivo está diminuindo a cada ano ao invés de ir aumentando! É preciso reverter esse processo social! Só conseguiremos essa reversão com sua ajuda, cidadão.*

O Plano Diretor 2002 até agora não equacionou claramente essa questão, com medo provavelmente de uma reação negativa da sociedade. Timidamente afirma a prioridade do transporte coletivo, mas não discute a suficiência do rodízio e nem ao menos menciona a sua existência e o papel que vem cumprindo. Não discute a introdução do pedágio urbano como meio para conter esse processo social que estamos vivendo, de um uso cada vez mais intenso do automóvel, como fez o PITU 2020 citado.

Sabemos a dificuldade de se discutir publicamente a introdução do pedágio urbano. *Um pedágio urbano, cobrado à razão de US\$ 1 por automóvel no Centro Expandido, será suficiente* *para aumentar dez vezes a velocidade de implantação de uma rede de metrô. Disso resultaria uma espetacular mudança em seu benefício, pois teríamos uma malha cerrada atendendo ao Centro Expandido de 150 km de extensão em dez anos! Assim, será possível pôr em prática uma ampla e vigorosa contenção do uso do automóvel, ao mesmo tempo que se amplia de modo cabal o sistema de transporte coletivo, oferecendo-se aí, de modo definitivo, uma qualidade substancialmente melhor, única capaz de reverter a degradação produzida pelos congestionamentos crescentes.*

Se controlarmos de perto a destinação desse dinheiro, eliminando os superfaturamentos, teremos aí um instrumento poderosíssimo a reverter a expectativa de uma decadência gradativa mas inexorável de nossa metrópole, asfixiada aos poucos por tais congestionamentos.

Candido Malta Campos Filho

Capítulo 9
A VÁLIDA POLÍTICA DE INCLUSÃO SOCIAL
NOS CENTROS HISTÓRICO E EXPANDIDO
E OS CONGESTIONAMENTOS DO SISTEMA DE
CIRCULAÇÃO QUE ESTÃO AÍ OCORRENDO

No interior do Centro Histórico e do Centro Expandido de São Paulo *vem ocorrendo perda de densidade demográfica com aumento de densidade de viagens por automóveis*, e essa perda significa a expulsão, da região, de famílias de menor renda utilizadoras do transporte coletivo, substituídas por famílias de maior renda utilizadoras do automóvel.

Assim, é válida uma política de assentamento populacional de famílias de menor renda nessas áreas para tirar proveito do sistema de transporte coletivo sobre pneus, que tem nos últimos anos perdido expressiva parcela de usuários.

No entanto, existe um perigo em associar tal política a setores de classe média que tendem fortemente, hoje em dia, a usar o transporte individual. É o que acontece com o denominado Programa de Moradias Populares com área construída máxima de 70 m², com um ou dois banheiros, associados que são com incentivos quanto a outorga onerosa a serem aplicados nas ZEIS, as Zonas Especiais de Interesse Social, especialmente no Centro Histórico da cidade, ou seja, na área da Subprefeitura da Sé (ver Desenho 14). *Isso porque com tal área construída e número de banheiros, o mercado imobiliário oferecerá, como já oferece, apartamentos para a classe média e média alta, fraudando o objetivo de se incentivar a moradia popular e contribuindo para piorar os congestionamentos no Centro Expandido*, o qual se situa no entorno do Centro Histórico, indo desde o Rio Tietê ao Rio Pinheiros na zona oeste, desde a Lapa até Pinheiros e, indo em direção a Santo Amaro, ao longo das avenidas Faria Lima e Luiz Carlos Berrini.

Mantida essa diretriz, interpretamos que ela é decorrente de uma estranha aliança entre movimentos populares pró-moradia e especuladores imobiliários. Aliança que, se no curto prazo pode obter benefícios de algum empreendimento que possa mesmo ter destinação popular, no médio e longo prazo anula as políticas que visam combater a especulação imobiliária, as únicas capazes de reverter o processo socialmente perverso de produção de moradias insalubres e ilegais para a população de menor renda.

Desenho 14
As ZEIS-3: Zonas Especiais de Interesse Social Tipo 3.

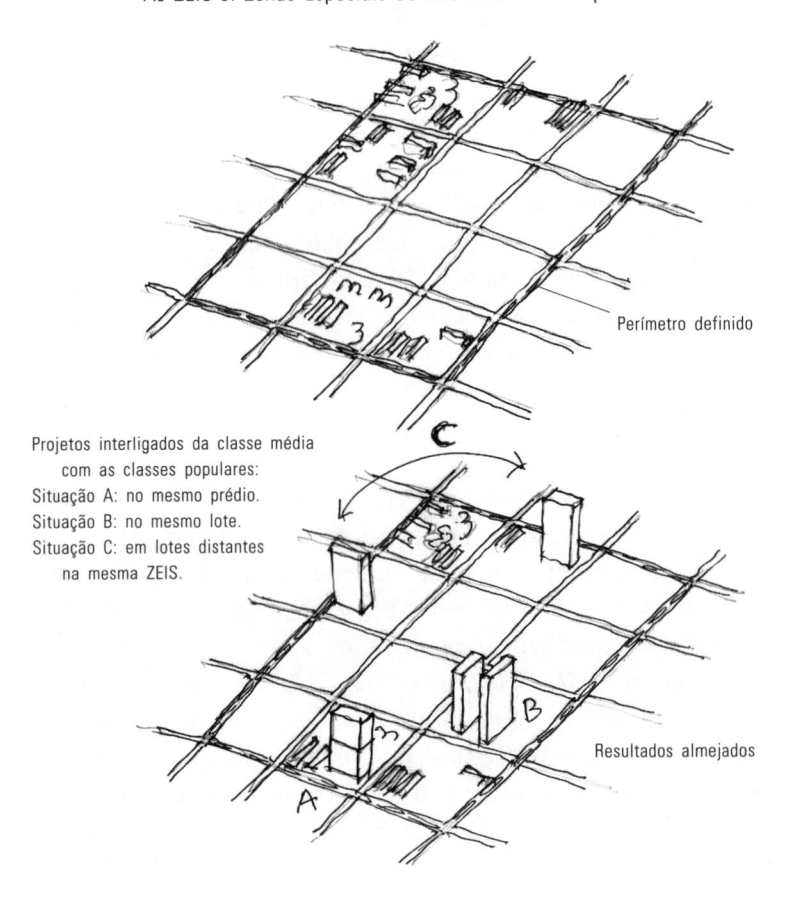

Perímetro definido

Projetos interligados da classe média
com as classes populares:
Situação A: no mesmo prédio.
Situação B: no mesmo lote.
Situação C: em lotes distantes
na mesma ZEIS.

Resultados almejados

Capítulo 10
O ESVAZIAMENTO DO PODER INDUTOR URBANÍSTICO DA OUTORGA ONEROSA APROVADA

O instrumento direcionador do crescimento urbano previsto no novo Plano Diretor pelos Fatores de Desenvolvimento Urbano e de Desenvolvimento Social — que oferecem reduções cada vez maiores do preço a ser cobrado pela outorga onerosa, quanto mais desejável seja atrair para certa região determinado tipo de morador — ficou muito esvaziado pelas concessões feitas aos incorporadores imobiliários, que tiveram garantidos seus direitos históricos de construir sem nada pagar por eles.

Os proprietários e incorporadores ainda ganharam direitos adicionais, mediante outorga onerosa, isto é, direitos de construir pagos. Alguns desses direitos serão pagos automaticamente quando forem aprovar na Prefeitura os seus projetos de construção. A aprovação automática desde já é autoaplicável com a aprovação do PDMSP 2002. Outros direitos adicionais ainda dependem de aprovação por lei específica, como no caso das operações urbanas ainda não aprovadas, mas listadas no Plano Diretor 2002. A aplicação automática da outorga onerosa é o que ocorre nas atuais Z2, zonas onde quase todo tipo de uso pode ser localizado, e que cobrem cerca de 50% da cidade. Os incorporadores e proprietários ganharam direitos de construir adicionais automáticos também nas Z6 e Z7. Essas duas últimas zonas, as Z6 e as Z7, as únicas Zonas Industriais da cidade, antes proibiam edifícios de apartamentos de classe média e, com o Plano Diretor recentemente aprovado, passaram a permiti-los. Como áreas atrativas para instalação ou ampliação de indústrias, com a valorização especulativa que passarão a sofrer como resultado dessa permissão, tenderão

Desenho 15

As macrozonas de estruturação e qualificação urbana
e as macrozonas de proteção ambiental do PDMSP 2002.

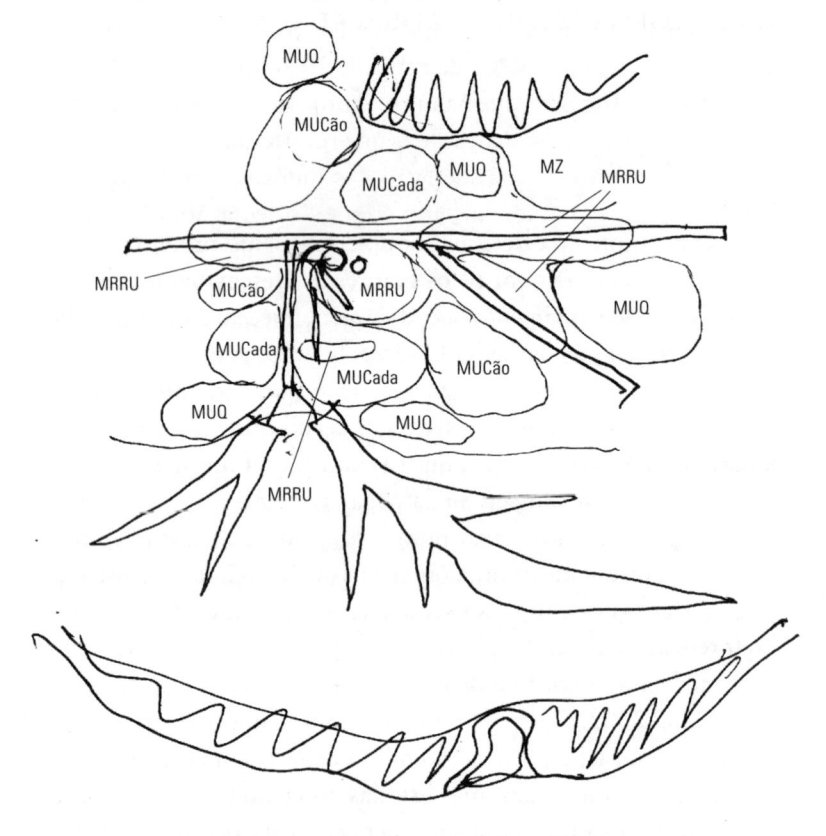

Macrozona de estruturação e qualificação urbana:
MRRU: Macrozona de restruturação e requalificação urbana.
MUCada: Macroárea de urbanização consolidada.
MUCão: Macroárea de urbanização em consolidação.
MUQ: Macroárea de urbanização e qualificação.

Macrozona de proteção ambiental:
MPI: Macroárea de proteção integral.
MUS: Macroárea de uso sustentável.
MCR: Macroárea de conservação e recuperação.

O Plano Diretor não definiu onde se localizam as Macroáreas de proteção ambiental.
O interior da Macrozona ficou para ser definido nos Planos Regionais (e de bairro).

Candido Malta Campos Filho

a desaparecer. Não teremos mais áreas de localização preferencial de médias e grandes indústrias, com preocupantes reflexos na oferta de empregos industriais na cidade. Mas essa é uma outra questão que não vamos aqui aprofundar, mas que é importante dado o maciço desemprego de cerca de 20% hoje ocorrendo em nossa cidade. Um erro que Mauá e Santo André iam cometendo em sua legislação urbanística, mas que reverteram a tempo. Não sabemos como a FIESP (Federação das Indústrias do Estado de São Paulo) possa ter concordado com tal orientação, que tanto deverá prejudicar o parque industrial paulistano.

Outras áreas da cidade, como vimos, ainda dependem da fixação do coeficiente de aproveitamento, mediante cálculo da capacidade de suporte, que é uma obrigação metodológica aprovada no PDMSP 2002. Essa fixação deverá ser efetivada por uma lei para cada uma das Operações Urbanas, a serem aprovadas, uma por uma, na Câmara Municipal. É bom lembrar que não se pode calcular a capacidade de suporte isolando uma Operação Urbana do conjunto da região onde está inserida. Porque o aumento de intensidade de uso permitido pela Operação gerará e atrairá viagens em um entorno de pelo menos 10 km, uma área muito mais ampla do que a da própria Operação.

Assim, além disso, essas áreas de operações urbanas ganharam possíveis direitos adicionais, que podem chegar a quatro vezes a área dos terrenos, a serem pagos mediante outorga onerosa, quatro das quais já estão em funcionamento e outras sete dependem de projeto de lei a ser aprovado na Câmara Municipal. Isso só poderá tecnicamente ocorrer cotejando esse aumento de densidade urbana local que as operações urbanas produzirão em relação ao entorno urbano de cada uma delas de pelo menos 10 km, o que significa para o seu conjunto verificar esse impacto para a área do Centro Expandido, onde a maioria se situa e que é justamente hoje a área mais crítica de congestionamentos.

Capítulo 11
O ENORME ADENSAMENTO
PREVISTO NO PLANO DIRETOR
EM DESPROPORÇÃO COM A CAPACIDADE
DE SUPORTE EXISTENTE E PREVISTA

Mas ficou no novo Plano Diretor, contra o nosso parecer, além dos adensamentos previstos pelas 11 (onze) Operações Urbanas, uma preocupante diretriz: que é desejável adensar-se com aumento do coeficiente de aproveitamento (CA) até o valor de área construída igual a quatro vezes a área do terreno (que é o valor máximo a ser permitido em toda a cidade) em área de 300 m de cada lado ao longo de *corredores de transporte coletivo da massa*, incluindo nesse conceito o metrô, os subúrbios, o VLP (veículo leve sobre pneus) e o VLT (veículo leve sobre trilhos), conforme Mapa 3 e Quadro 12 do PDMSP 2002 (ver artigos 146, 221, 121 e 122, nessa ordem).

O texto fala também em adensar com CA de até quatro vezes em até 300 m ao lado de *eixos* e *polos de centralidades* conforme Mapa 4 e Quadro 8 do PDMSP 2002, o que é vago e preocupante como conceito, e mais ainda se atentarmos para o que está escrito no artigo 127, abrindo preocupantemente a definição feita. Ver também o artigo 126. Ver ainda, quanto ao Rodoanel, o artigo 223, também propondo adensamento ao longo dele quando estiver situado na Macrozona de Estruturação Urbana com a mais alta intensidade. E também a diretriz de uso do solo ao longo da linha ferroviária desativada da CPTM na zona leste entre a Vila Matilde e Guaianazes, no artigo 224. Todos prevendo o potencial adensamento urbano máximo.

Com todo esse adensamento posto em prática, a nossa população poderia quadruplicar, passando dos atuais 10 milhões

Candido Malta Campos Filho

para 40 milhões de habitantes! Uma enormidade inadmissível! Nem haverá população em número suficiente para preencher todo esse potencial físico possível de ser construído.

O crescimento demográfico da cidade tem taxa decrescente tendendo a zero. A melhoria do nível de renda da população pressiona, no entanto, para moradias maiores, assim como mais amplos locais de trabalho e de lazer. Isso, a médio e longo prazo, deverá ocorrer. No curto prazo, o que vemos é o encolhimento das áreas construídas oferecidas de moradia, dos apartamentos tipo 2, 3 e 4 dormitórios, pelo mercado imobiliário, inclusive para as classes média e alta.

Ver Desenhos 10 e 13, mostrando *que a lógica multidirecional introduzida pelos automóveis exige, para que eles sejam substituídos por um meio coletivo, que este seja organizado por malha cerrada,* que é também multidirecional, com distância entre linhas da ordem de 1.000 m, para não se andar mais que 500 m a pé para acessá-la.

Desenho 16
O módulo básico da malha cerrada de transporte coletivo.

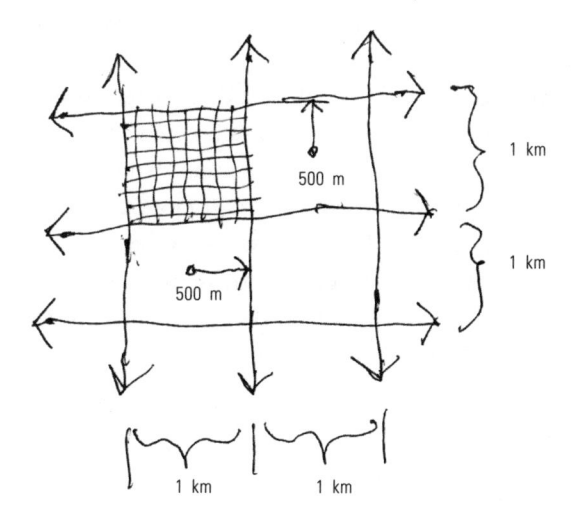

500 m

500 m

1 km

1 km

1 km   1 km

Capítulo 12
OS CORREDORES METROPOLITANOS
E A POSSIBILIDADE DE CRIAÇÃO DE
CENTRALIDADES DA MAIS ALTA QUALIDADE
NO CENTRO EXPANDIDO E
NA PERIFERIA METROPOLITANA

Essa política de adensamento urbano não distingue dois casos como deveria.

Primeiro teríamos que examinar casos ao longo dos eixos ferroviários, de aproveitamento igual a quatro vezes a área do terreno, onde tal diretriz é em princípio válida, pois neles é possível colocar em seus leitos ferroviários já existentes até seis linhas paralelas de metrô, em dois níveis sobrepostos. Ao longo das linhas ferroviárias scrá possível, provavelmente, conforme nos dirá o cálculo da capacidade do suporte do sistema de circulação nos eixos e polos de centralidades, permitir que o coeficiente de aproveitamento seja igual ou até superior a quatro, a baixíssimo custo de implantação do sistema de circulação, que é o mais alto custo público de uma cidade, correspondendo a cerca de 70% do total. Esse foi o centro de nossa tese de doutoramento defendida em 1973 na FAU-USP, na qual propusemos um forte adensamento ao longo dos eixos ferroviários que coincidem com os três rios mais importantes da metrópole, o Tietê, o Pinheiros e o Tamanduateí. Com o tempo, dessa política resultaria o desenvolvimento de tecidos urbanos lineares de alta conectividade, a que propus o nome de Corredores Metropolitanos. Os Corredores Metropolitanos podem levar centralidades de alto nível ao conjunto da metrópole, incluindo a sua periferia hoje destituída dessa importante qualidade urbana. É de se salientar que este custo é muito baixo dada a minimização de desapropriações.

Segundo, teríamos que examinar a situação das linhas de transporte sobre pneus, que andam por vias congestionadas e que,

Candido Malta Campos Filho

quando se quer que fiquem com o tráfego coletivo separado do individual para aumentar um pouco a sua capacidade de suporte, *segrega-se em faixas exclusivas o transporte coletivo e, para isso, acaba-se por entupir o espaço da via com grades, edificações de abrigos, separadores de concreto, degradando-o definitivamente*. Como se vê, por exemplo, nos corredores de tráfego coletivo segregado nas avenidas Santo Amaro e Nove de Julho. Um desenho urbano mais cuidadoso desse assim chamado "mobiliário urbano" pouco pode fazer, dadas as tímidas proporções atuais das vias segregadas. *Só uma operação urbana de porte será capaz de modificar esse quadro, aliás, como está previsto corretamente no PDMSP 2002 para o entorno da Avenida Santo Amaro.*

O novo Plano Diretor simplifica excessivamente essas questões, induzindo a erros graves. Iguala a reestruturação urbana de amplíssimo fôlego, possível e desejável de ser feita ao longo dos eixos ferroviários hoje degradados e com enorme potencial de desenvolvimento urbano e novas centralidades, com uma atuação de curtíssimo fôlego. Essa de longuíssimo fôlego, foi desenvolvida por mim como tese de doutoramento na FAU-USP em 1973, como dito acima, e esse conceito foi introduzido em 1970 no PMDI (Plano Metropolitano de Desenvolvimento Integrado), que ajudei a dirigir como um dos seus quatro diretores técnicos.

Outro exemplo de proposta de intervenção de alcance mais amplo foi a que fizemos, através de meu escritório Urbe, contratado pela Prefeitura Municipal de Santo André, em 2000 e 2001, no plano urbanístico para o denominado Eixo Tamanduateí, área com 8,5 km de extensão ao longo da ferrovia e da Av. do Estado, e com 1,5 km em média de largura. Outros arquitetos também foram chamados a apresentar suas propostas, com pressupostos estruturadores de planejamento urbano, como Joan Busquets, de Barcelona, Eduardo Leira, de Madri, e Christian de Portzamparc, de Paris.

O PDMSP 2002 confunde esse tipo de intervenção com a reestruturação de fôlego curtíssimo dos corredores viários estreitos e congestionados, como o da Avenida Santo Amaro, onde a

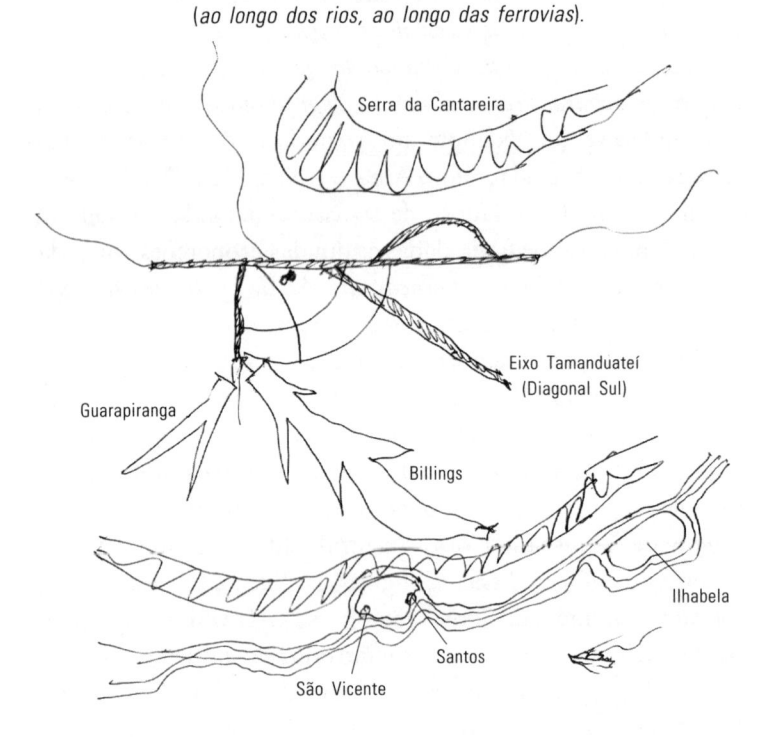

Desenho 17
Os Corredores Metropolitanos
(*ao longo dos rios, ao longo das ferrovias*).

Serra da Cantareira

Eixo Tamanduateí
(Diagonal Sul)

Guarapiranga

Billings

Ilhabela

Santos

São Vicente

O conceito macroestruturador da metrópole enquanto centralidades de alta qualidade: os Corredores Metropolitanos, que propus nos anos 70 e que entendo continuam válidos. Eles foram inseridos apenas parcialmente no novo Plano Diretor, por meio do Corredor Diagonal Sul, de São Caetano a Perus, passando pelo Centro Histórico (sendo que o trecho Lapa-Perus não consta da minha proposta, pois não vejo sentido nele).

requalificação será muito difícil e por isso limitada, seguramente com capacidade de suporte muitíssimas vezes inferior a dos eixos ferroviários requalificados.

Vemos, então, essa confusão de políticas públicas, igualando erradamente o forte adensamento desejável ao longo dos eixos ferroviários e o indesejável adensamento ao longo de aveni-

Candido Malta Campos Filho

das já congestionadas. Além disso, inexplicavelmente, o PDMSP 2002 exclui dessa diretriz de adensamento o espaço urbano ao longo das ferrovias, correspondente a cerca de 20 km, do Brás a Guaianazes, justamente onde a ausência de centralidade de hierarquia superior é mais demandada em São Paulo: a gigantesca zona leste, com mais de 1 milhão de habitantes! Contraria assim outra diretriz do PDMSP 2002 que quer levar maior qualidade de vida urbana e empregos para a maior região carente do município em número de habitantes, que é a zona leste! Um contrassenso e uma contradição do PDMSP 2002! E, ao mesmo tempo, quer levar essa centralidade para a região de Pirituba-Perus, onde a mesma é muito menos necessária, por ter uma população muito menor numericamente falando. Esse é o conceito da centralidade denominada Diagonal Sul, no Plano Diretor 2002, que corretamente começa na divisa com Santo André e São Caetano e vai até a Lapa, mas, ao invés de se dirigir para a Vila Leopoldina, vai, a meu ver erradamente, para Pirituba-Perus.

Teremos que priorizar um eixo leste-oeste para melhor distribuir as centralidades metropolitanas. Parece que, para a zona leste, estão priorizando a ligação do Aeroporto de Guarulhos com o ABC através da avenida Jacu-Pêssego, recentemente inaugurada. Embora seja uma importante ligação em formato de anel, podendo ser considerado parte do sistema do Rodoanel que se quer implantar pelo Governo Estadual (que é bom no sul da metrópole desde que fique fora dos mananciais), não terá fôlego para se tornar uma centralidade metropolitana de grande expressão, como a passível de ser implantada ao longo da ferrovia. Uma avenida jamais poderá concorrer com um tronco composto por várias linhas paralelas de metrô. O fator principal que comanda essas transformações pelo mercado imobiliário é a indução resultante da oferta de melhor acessibilidade.

Capítulo 13
COMO AVALIAR OS TIPOS DE ZONAS
DA LEI DE ZONEAMENTO

Como podemos avaliar especificamente os tipos de zonas da lei de zoneamento em vigor até a aprovação de PDMSP 2002, comparando-os com os tipos propostos em linhas gerais e os tipos mais específicos definidos pelo novo Plano Diretor, e ainda, como propor novos tipos para o seu bairro?

Pela análise feita, conclui-se que a estruturação do sistema de circulação define as qualidades ambientais fundamentais e que o tecido urbano é totalmente dependente das qualidades ou defeitos ambientais dele decorrentes.

O Plano de Circulação ou de Transporte é assim de importância fundamental para a definição do Plano de Habitação e do Zoneamento, os quais devem ser elaborados de modo conjugado, pela sua interdependência, como está exigido expressamente nos artigos 183 e 271 do PDMSP 2002 e no Estatuto da Cidade.

Há diversos modos de organização das densidades maiores ou menores com qualidades ambientais específicas, cada densidade definindo tecidos urbanos de "caras" diferentes. Qual será, cidadão, a cara do tecido urbano de sua preferência e de sua família?

Capítulo 14
QUAL É A CARA, CIDADÃO,
DO TECIDO URBANO DE SUA PREFERÊNCIA?

Você prefere uma cidade-jardim horizontal, somente com casas (Desenho 18)?

Ou prefere uma cidade-jardim semi-horizontal, como as superquadras de Lucio Costa do Plano Piloto de Brasília, com edifícios de apartamentos de seis pavimentos (Desenho 19)?

Ou prefere uma cidade-jardim vertical com prédios-torres? De até dez pavimentos, por exemplo (Desenho 20)?

Ou prefere uma cidade-jardim vertical sem limite de altura para os prédios (Desenho 21)?

Ou prefere uma cidade-jardim de prédios com gabaritos heterogêneos (Desenho 22)?

Ou prefere uma zona com o máximo de usos locais e diversificados por perto (Desenho 23)?

É sobre isso, especialmente, que nós cidadãos devemos nos debruçar, no que se refere aos condicionantes da qualidade de nossa vida na cidade.

Mantenhamos como pano de fundo em nosso raciocínio os processos estruturadores e desestruturadores em curso em nossa cidade, que se dão a partir basicamente das mudanças nas condições de acessibilidade. Tenhamos em mente, especialmente, uma questão-chave, que é a questão do preço que se paga, na compra ou aluguel de imóveis, pelo acesso ao solo urbano. Ele é inflacionado pela sistemática especulação imobiliária, a ser também sistematicamente combatida pelos novos instrumentos a nós oferecidos pelo Estatuto da Cidade — instrumentos que, de forma fraca, embrionária, mas promissora, foram aprovados no Plano Diretor Estratégico do Município de São Paulo em 2002.

Desenho 18
A cidade-jardim horizontal
(ZER-1 ou ZML-1
até 2 pavimentos).

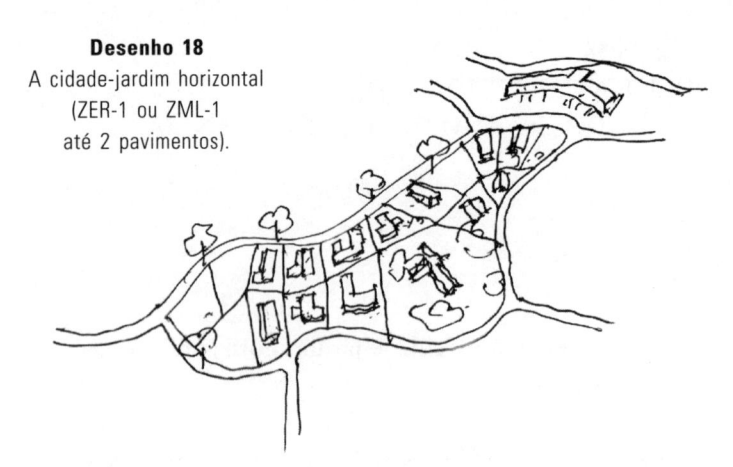

Desenho 19
A cidade-jardim semi-horizontal, como as superquadras de Brasília
(ZER-2 ou ZML-2 até 6 pavimentos).

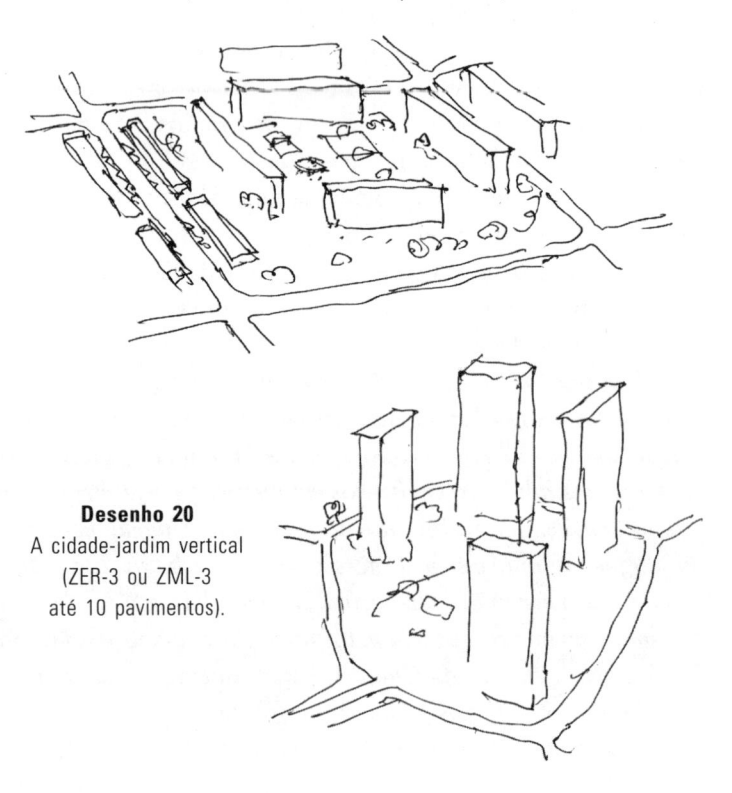

Desenho 20
A cidade-jardim vertical
(ZER-3 ou ZML-3
até 10 pavimentos).

Candido Malta Campos Filho

Desenho 21
A cidade-jardim vertical
sem limite de altura
(ZER-4 ou ZML-4 com
mais de 10 pavimentos).

Desenho 22
A cidade-jardim de
gabaritos heterogêneos (GH)
misturando casas e prédios
de até 5, até 10 e com mais
de 10 pavimentos
(ZER$_{GH}$ ou ZML$_{GH}$).

Desenho 23
Máximo de usos locais
e diversificados
por perto (ZMD).

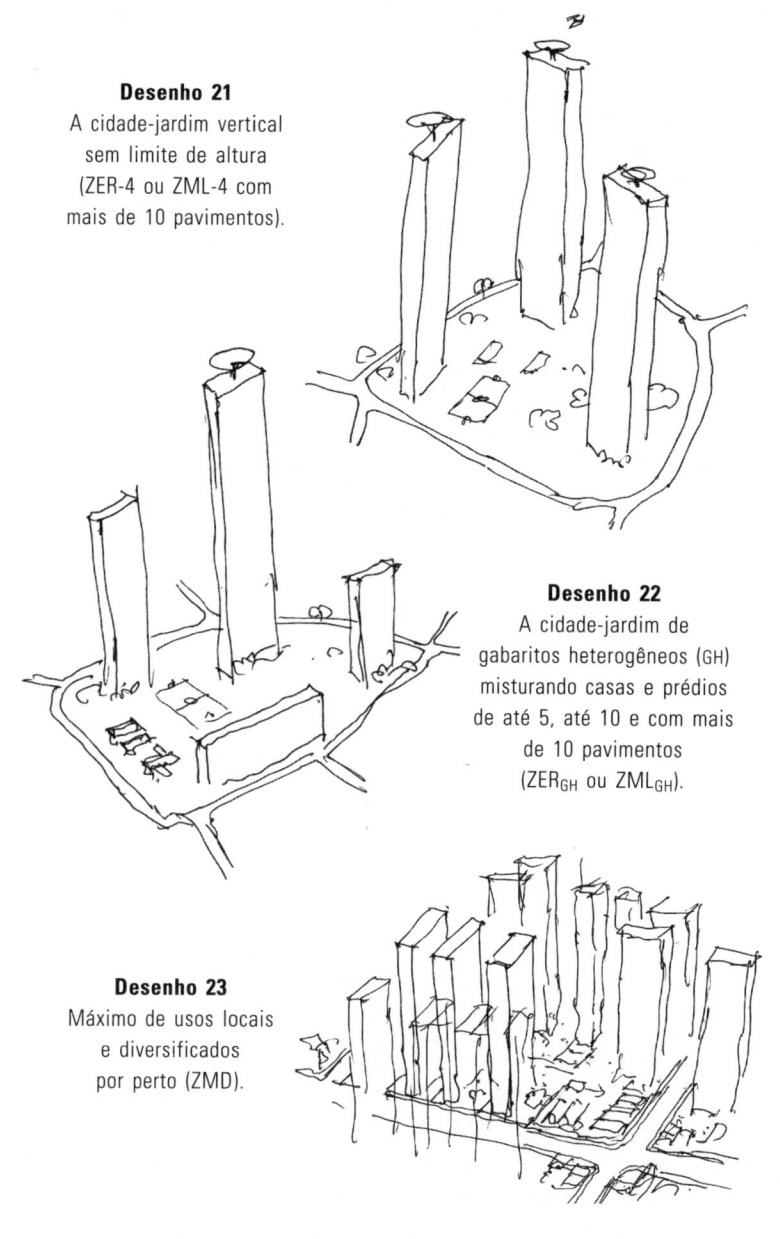

Na Zona Mista de Uso Diversificado este uso é geralmente associado a densidade demográfica local alta. No entanto, ele pode também estar servindo a uma grande área cuja baixa densidade demográfica é compensada pela sua grande extensão.

O IPTU progressivo no tempo depende ainda de lei complementar, por exemplo. Devemos avaliar o alcance desse instrumental inovador para aperfeiçoá-lo, buscando agora sua aplicação mesmo dentro dos limites do modo como foi aprovado no novo Plano Diretor. Devemos nesse momento focar nossa atenção na estruturação do espaço urbano e como ela se dá concretamente em relação às nossas vidas.

Já observamos como são as relações de vizinhança com o comércio e os serviços e também com os equipamentos sociais, especialmente os de educação e saúde. *Vejamos agora como dessa análise decorre o que podemos chamar de tipos básicos do tecido urbano, noção central para definirmos o zoneamento, que nada mais é que a definição de tipologias de tecido urbano, a regrarem a implantação de um bairro ou, o que é mais comum entre nós, controlar a sua transformação direcionando o seu futuro. O estilo de vida em um bairro, o ambiente que ele oferece aos cidadãos, pode ser resultado apenas do que quer um mercado imobiliário sem regras ou com regras desobedecidas, ou então resultado de regras que nós, cidadãos, queiramos colocar para direcioná-lo em nosso benefício.*

No caso da educação, os equipamentos principais são: a creche, a escola maternal, o ensino fundamental do 1º ao 5º ano (antigo pré-primário e primário), do 6º ao 9º ano (antigo ginásio) e o ensino médio (antigo colegial). O ensino de nível superior tem outra lógica de localização, a qual pode ser bem mais distante da moradia que a dos equipamentos de ensino fundamental e médio.

Os cursos superiores ou os do tipo de ensino de reciclagem, por exemplo, de mão de obra, mais especializados, também devem estar localizados nos locais de acessibilidade metropolitana, isto é, nas centralidades de mais alto nível.

No caso da saúde, os equipamentos básicos são: o posto de saúde (unidade básica de saúde) e o hospital geral regional. Cada região de cerca de 200 mil habitantes deve ter o seu hospital, e o posto de saúde deve atender a, no máximo, 20 mil habitantes. Esses são os padrões de atendimento que têm sido utilizados no Brasil. Cada região abrangida pelo Plano Regional deveria ter o seu hospital geral, em princípio, somado a um número proporcional de unidades básicas de saúde. É preciso verificar se, de fato, a sua subprefeitura tem o seu sistema completo de unidades de entrada no sistema de saúde, como é denominado, e se está bem localizado para atender a demanda do conjunto dos moradores que nela vivem. Os hospitais mais especializados devem se localizar nas centralidades de maior hierarquia, de nível metropolitano, atendentes de 1 milhão de habitantes ou mais, como é o caso, por exemplo, dos inúmeros hospitais no eixo da Avenida Paulista.

Capítulo 15
OS TIPOS BÁSICOS DE TECIDO URBANO

Esquematicamente, podemos desenhar os tecidos urbanos existentes mais comuns, que chamaremos de *básicos. Eles podem ser simplificados, no que se refere a moradia, em quatro tipos, tendo em conta o traçado básico de quadras e a distribuição do tráfego de veículos e dos usos a ele associados*:

Tipo 1: bairro nascendo e se desenvolvendo isoladamente, usualmente na periferia do espaço urbano da época em que é iniciado (Desenho 24).

Tipo 2: bairro se relacionando a bairros vizinhos formando uma malha de bairros, conforme o território urbano vai se expandindo (Desenho 25).

Tipo 3: bairro planejado tipo "jardim", que nasce usualmente nas periferias urbanas da época em que são implantados, e depois podem ir ficando centrais (Desenho 26).

Tipo 4: bairro que se transformou em central na estrutura urbana devido a expansão do território da cidade (Desenho 27).

Desenho 24
Tecido urbano básico tipo 1.

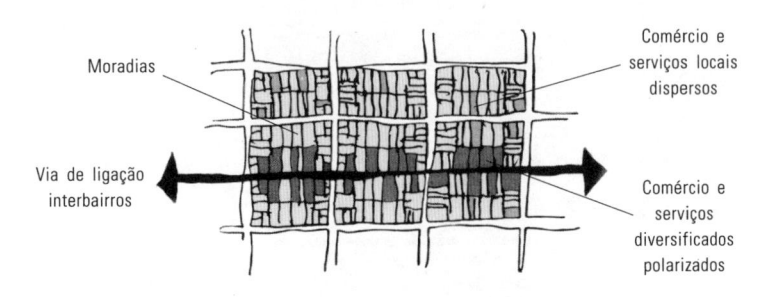

Moradias

Comércio e serviços locais dispersos

Via de ligação interbairros

Comércio e serviços diversificados polarizados

Candido Malta Campos Filho

Desenho 25
Tecido urbano básico tipo 2.

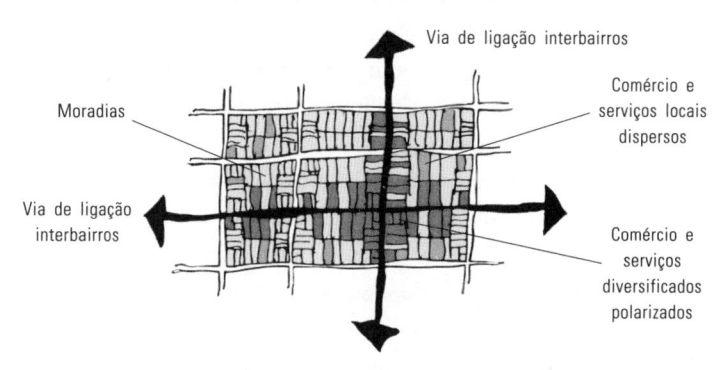

Via de ligação interbairros

Moradias

Comércio e serviços locais dispersos

Via de ligação interbairros

Comércio e serviços diversificados polarizados

Desenho 26
Tecido urbano básico tipo 3.

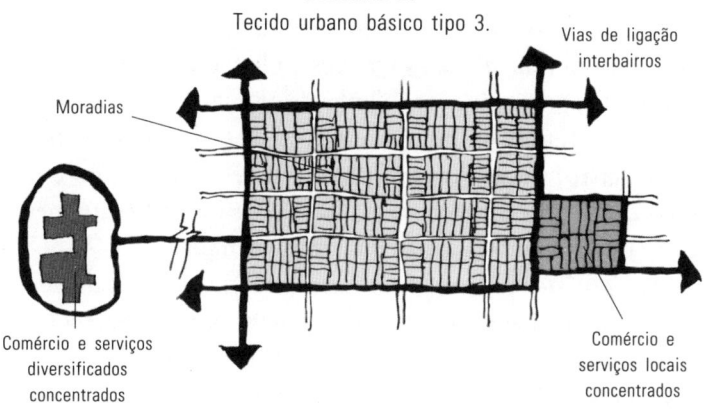

Vias de ligação interbairros

Moradias

Comércio e serviços diversificados concentrados

Comércio e serviços locais concentrados

Desenho 27
Tecido urbano básico tipo 4.

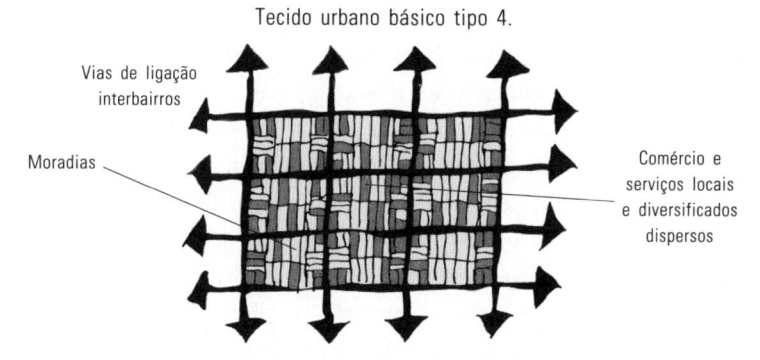

Vias de ligação interbairros

Moradias

Comércio e serviços locais e diversificados dispersos

Todos os bairros passam por uma transformação desde a sua fundação. Podemos relacionar esses quatro tipos básicos de tecido urbano com o processo gradativo de formação de um bairro desde a sua fundação até a sua consolidação, ou seja, até o preenchimento da maioria dos lotes. Estes últimos, enquanto permaneçam vazios, constituindo um estoque especulativo, devem ser taxados progressivamente, ao longo do tempo, no que se refere ao IPTU, e também com a urbanização compulsória, como dispõe a Constituição Federal em seu artigo 182, e como dispõe agora o Estatuto da Cidade. Se você tem um único lote e espera juntar o dinheiro suficiente para construir nele, não deve ser taxado como especulador. Exija isso, como um direito seu.

Nessa etapa histórica da evolução de um bairro, que dura várias décadas, o bairro mantém o padrão 1 de tipologia básica de tecido com *centralidades lineares* ao longo das vias coletoras e estruturais, por onde passa a linha de ônibus. Nos cruzamentos de vias estruturais, ou junto a estações de transbordo de transporte coletivo, surgem *centralidades polares* constituindo o tipo básico 2. Esse cruzamento de vias se dá por força do surgimento ou desenvolvimento de bairros laterais vizinhos.

O tipo 1 tende a ser o que nasce de uma ausência de planejamento, com o mercado agindo livremente, sem zoneamento ou com sua desobediência sistemática, como na região dos mananciais, ou regulado por um zoneamento misto aberto, sem controle sobre essas transformações, como nas Z2 em São Paulo.

O tipo 2 é o mesmo caso, com a diferença de que há um entroncamento de duas vias importantes em seu interior, em geral estruturais, mas podendo ser apenas vias coletoras ou o encontro de uma via coletora com uma via estrutural.

O tipo 3 pode nascer de um planejamento privado, como é o caso da Cia. City em São Paulo, *ou de um planejamento público*, como é o caso da Cohab-SP, Cecap e CDHU-SP, entidades públicas produtoras de habitação popular. Esse tipo de tecido é sempre resultado de algum tipo de planejamento; *quando essa iniciativa é do loteador, é em geral destinado às classes mé-*

dias, e quando é do poder público, é em geral destinado às classes populares, como nos conjuntos habitacionais.

O tipo 4 nasce, em geral, de uma centralidade advinda do crescimento demográfico de bairros adjacentes e por um processo de adensamento urbano no próprio bairro, que pode ser popular ou de classes médias ou misto, ou os dois processos ocorrendo simultaneamente, um fortalecendo o outro. *Os centros de cidades, em seus diversos níveis, apresentam tecidos do tipo 4.*

Esses quatro tipos básicos de traçado, com definição de usos do solo de comércio e serviços pelo mercado ou pelo planejamento urbano privado ou público, *podem ser desdobrados em diversos tipos associados a diversas intensidades e mesclagens de usos ou das atividades, correspondendo basicamente a diversas alturas das edificações, ou seja, de sua área construída.* Também podem ser resultado da atuação livre do mercado imobiliário ou deste regulado por legislação urbanística, ou ainda como resultado de intervenção pública na produção de moradia popular ou de implantação das chamadas *Operações Urbanas* e, agora, pelo Plano Diretor, de *Projetos Estratégicos*, que envolvam moradia popular.

As centralidades do comércio e serviços tendem a ser autoalimentantes, intensificando cada vez mais a sua densidade urbana até o limite de saturação, quando as vias onde se instalam, dado o excesso de tráfego de veículos, passam a repelir clientela ao invés de atrair, e os negócios aí instalados entram em decadência e acabam sendo substituídos por outros de menor rentabilidade, ou então os imóveis são abandonados.

Devemos verificar quais são as qualidades e os defeitos desses tipos básicos de tecido quanto ao traçado das vias. *O traçado pode ser apenas ortogonal, radioconcêntrico e com vias diagonais, ou ainda podemos ter traçados orgânicos completos, com ruas curvas, muito apropriados para terrenos ondulados,* como os utilizados pela Cia. City no Alto da Lapa e no Pacaembu. Também podemos ter traçados curvilíneos como no Jardim América, embora nesse caso a região seja plana. *Podemos ter ainda, logicamente, alguns desses tipos de traçado se combinando, co-*

mo no centro de Belo Horizonte, uma cidade que teve em seu início um traçado radioconcêntrico com diagonais, e foi planejada no começo do século XX. Ou no tecido urbano de Ildefonso Cerdá para Barcelona, na Espanha, com sua quadrícula de quadras chanfradas nos cantos com pátios internos, onde a malha ortogonal viária é cruzada por duas gigantescas avenidas diagonais (que em catalão são curiosamente denominadas "avingudas diagonais"), traçado esse planejado já em 1857.

Essa capacidade de análise é o que se quer desenvolver, aprofundando a visão do cidadão leigo associada à visão do arquiteto urbanista, distinguindo claramente os interesses sociais válidos associados aos valores de uso, relacionados a estilos de vida. Estes devem ser percebidos como distintos dos socialmente reprováveis, associados aos valores especulativos imobiliários, que são valores de troca. Nem sempre valor de uso alto corresponde a valor de troca também alto. E pode acontecer o inverso. Alto valor de troca nos corredores comerciais com baixo valor de uso habitacional, por exemplo. Este é um trabalho coletivo de avaliação da qualidade de vida oferecida por cada um dos bairros de São Paulo, em uma visão dinâmica do processo de sua transformação urbana, processo que pode ser para algo melhor, para algo diferente porém igualmente bom ou para algo igualmente ruim ou até pior do que a situação existente.

Candido Malta Campos Filho

Capítulo 16
COMO TODOS OS TECIDOS URBANOS BÁSICOS PODEM TENDER PARA O TIPO 4, E ISSO SER UM GRANDE PROBLEMA PARA A MAIORIA DOS CIDADÃOS

Podemos afirmar, mais uma vez com uma grande simplificação dos fatos, visando uma abordagem inicial da problemática da transformação dos tecidos urbanos, que, historicamente, um mesmo bairro da cidade pode ter sido iniciado como tipo 1, passando pelo tipo 2 e chegando ao tipo 4 (ver os respectivos desenhos). Esse é o caso de muitos bairros que foram periféricos e se transformaram em centrais em São Paulo com o crescimento do território da cidade.

Outros foram planejados pelos loteadores ou pelo poder público, neste caso constituindo conjuntos habitacionais como tipo 3 e se transformaram em tipo 1 ou tipo 2 e depois até tipo 4, devido a correntes de tráfego que os foram penetrando e atravessando por ausência de um controle público, produzindo o abandono gradativo das qualidades previstas no planejamento inicial.

Outros foram idealizados como tipo 3, como os planejados pela Cia. City, em São Paulo, de alta qualidade urbanística, na periferia urbana, quando foram lançados, e muitos se transformaram em bairros de posição central, como o Jardim América e o Pacaembu e como começa a acontecer com o Alto de Pinheiros. Isso devido a sua localização na estrutura urbana de São Paulo, tendo em vista o espantoso crescimento da cidade durante o século XX, que se transformou de um burgo de 200 mil habitantes em uma gigantesca metrópole de 15 milhões de moradores!

Por isso, e devido à falta de um planejamento urbano que os resguarde suficientemente de correntes de tráfego, sofrem pressão para que passem a ser do tipo 1, depois do tipo 2, e final-

mente do tipo 4. Essa é a vontade, também, de muitos especuladores imobiliários, que não se preocupam nem um pouco com a qualidade de vida que se perderá com essa transformação. Este é o problema sofrido pelo Pacaembu, atravessado pela Avenida Pacaembu, pelo Jardim América, atravessado pela Avenida Brasil, e pelo Jardim Paulistano, atravessado pela Avenida Faria Lima, dentre inúmeros exemplos que seria exaustivo aqui citar.

Dois são os fatores que podem produzir as transformações de acessibilidade geradoras das condições locacionais que propiciam o surgimento de "pontos" de interesse para o comércio e para os serviços, dentro de uma lógica de mercado imobiliário, sem regras urbanísticas que o impeçam: *o aumento do tráfego de passagem em uma via, que gera a visibilidade atratora do cliente, e o aumento de densidade demográfica acompanhada de poder aquisitivo, que gera a proximidade física do potencial cliente.* Ambos são fatores produtores de potenciais corredores de comércio e serviços.

Esse processo de transformação urbana, ao lado de determinados valores de uso, produz aumento ou redução, dependendo da circunstância, do valor de troca dos imóveis envolvidos. *Resulta dessas transformações um crescente conflito entre aqueles que prezam uma moradia em local tranquilo, com muita arborização e jardins — que é um importante valor de uso em uma conturbada e violenta cidade como está sendo a nossa —, e aqueles que preferem o valor de troca, mesmo com prejuízo da tranquilidade (não necessariamente para si, pois podem mudar para outra rua ou bairro tranquilo, ficando o prejuízo para os vizinhos que lá permanecerão).*

Há ainda, mas acredito que seja uma minoria em nossas cidades, os que prezam a vida intensa e até agitada típica de áreas mais centrais e que têm suas razões para pregar a transformação de bairros tranquilos, para os quais não dão valor, em bairros de grande intensidade de tráfego e com a mistura máxima de usos compatíveis. *Os cidadãos desse tipo preferem morar em áreas centrais, mas eles não precisam necessariamente eliminar os bairros*

Candido Malta Campos Filho

tranquilos para isso, como estamos vendo. Podem se localizar em bairros que já adquiriram tais características, que são inúmeros em São Paulo, ou em outros que queiram desenvolver esse ambiente urbano.

Assim vemos que os quatro tipos básicos dependem, para uma definição mais precisa dos tipos concretos existentes, não apenas dos traçados viários definidores das quadras, mas também do tamanho dos lotes nas quadras e, nestes, das tipologias arquitetônicas construídas, especialmente no que se refere à intensidade de uso urbano que condiciona, por sua vez, a mesclagem de usos. Essas tipologias arquitetônicas se distinguirão fundamentalmente em sua altura, e este será um dado importante a ser considerado, como também a sua posição mais central ou mais periférica na estrutura urbana da cidade, para se perceber a lógica transformadora a que estará sujeito, para o bem ou para o mal.

Capítulo 17
COMO ALTERAR OS TECIDOS EXISTENTES?

É certo admitirmos ser muito mais difícil, para uma comunidade urbana, se alterar os traçados viários do que se alterar a tipologia arquitetônica do miolo das quadras. O custo de desapropriação para a abertura ou alargamento viário é altíssimo, e os custos sociais decorrentes do deslocamento de pessoas e do fechamento de atividades também.

A remodelação de bairros inteiros pode e deve ser uma meta para aquelas comunidades que estejam muito descontentes com o seu atual tecido urbano. Na atual etapa histórica de nosso desenvolvimento urbano, entendo que devemos limitar essas intervenções "cirúrgicas", nesses próximos anos, a ambientes urbanos muito degradados, como o de algumas favelas e edifícios encortiçados, se suas comunidades assim o desejarem.

Talvez possamos, dentro de algum tempo, remodelar bairros inteiros, como foi feito na periferia de Madri nos últimos 20 anos, utilizando não o instituto da *desapropriação*, mas sim o da *requisição urbanística*. Esse instrumento jurídico, de uso corrente na Espanha, ainda não foi aprovado no Estatuto da Cidade, embora constasse do projeto de Lei Federal de Desenvolvimento Urbano nº 2.191/88, que coordenamos tecnicamente, e que foi apresentado pelo deputado Raul Ferraz ao Congresso Nacional (e do qual se originou basicamente o Estatuto da Cidade). A sua introdução no mesmo deve ficar para uma próxima etapa, visando ao seu aperfeiçoamento, diante da experiência que vamos adquirir com a sua aplicação. Com a *requisição urbanística*, a remodelação de bairros inteiros se tornará financeiramente possível, pois elimina a necessidade de prévia desapropriação da área a ser reurbanizada.

Em nossos planos de bairro, devemos levar em conta a incrível experiência madrilena para levantar nossas esperanças de requalificação urbanística, dada a precariedade, a nosso ver, da grande maioria dos tipos de tecido urbano existentes em São Paulo por sua exiguidade viária, com ruas de menos de 10 m de largura, especialmente nos loteamentos de origem clandestina abertos na segunda metade do século XX.

Neles, lotes são ocupados até o limite por todos os lados, com edificações às vezes invadindo o espaço público da rua, dificultando e mesmo impedindo o plantio de árvores, criando uma massa construída que, nos dias quentes, funciona como pedras de lareira, conservando, difundindo e aumentando o calor ambiental, que fica durante muitos dias do ano quase insuportável.

Devemos buscar a recuperação de áreas verdes e espaços institucionais ocupados pela população empobrecida, sem alternativa de moradia, e também a recuperação das áreas ocupadas por espertos predadores sociais de classe média, que injustamente pegaram carona nesse processo. Temos que reconhecer, quanto aos empobrecidos, que este processo é socialmente justo, apesar de, muitas vezes, ele possibilitar uma estranha aliança, como veremos mais adiante.

Devemos ainda buscar refazer o traçado viário e das quadras daí decorrente. Isso possibilitará no futuro de algumas décadas, como já se fez em Madri, melhorar radicalmente a qualidade do nosso espaço urbano pobre e periférico, como também era o daquela cidade, fazendo isso com participação popular, com a concordância dos moradores, sem expulsá-los, respeitando seu estilo de vida e sua identidade cultural.

Capítulo 18
COMO OS QUATRO TIPOS BÁSICOS
PODEM SER DESDOBRADOS EM
MUITOS OUTROS TIPOS DE TECIDO URBANO

Um mesmo tipo 1 ou um tipo 2, 3 e 4 de tecido urbano básico pode apresentar diferentes traçados viários básicos. Estes podem ser em xadrez (ou hipodâmico, como historicamente foram chamados, a partir dos gregos da antiga Mileto) com vias se cruzando de modo fundamentalmente ortogonal. Podem ser de vias de traçado curvilíneo, como é a preferência dos desenhadores de cidades-jardim, tirando a rigidez dos traçados retangulares, criando com isso muitos espaços verdes intersticiais, mas exigindo em contrapartida mais terreno por família e assim aumentando seu custo (ver Desenho 18). Devido a essa crítica buscou-se liberar a localização das edificações das divisas dos lotes, dispondo nas quadras inteiras mais livremente edificações em altura, para que surja o verde intersticial a um custo de produção menor, por habitante, devido à maior densidade possibilitada por esse arranjo (ver Desenhos 19 a 22).

Este é, em muitos casos, o tecido básico do tipo 3 de produção pública como conjunto habitacional popular. Essa qualidade, no entanto, é prejudicada pela monotonia no caso dos arranjos de prédios padrão tipo H muito próximos entre si, algo a ser muito criticado, mas de interesse das empreiteiras que os produzem e, por ignorância da possibilidade de outras soluções, com aceitação sem maiores críticas pelos seus usuários de baixa e média renda (ver Desenho 28).

Essa é outra dimensão crítica a ser desenvolvida para os tecidos urbanos com essas características.

As superquadras, como as de Brasília do Plano Piloto de Lucio Costa, utilizam esses conceitos que buscam inovar no tra-

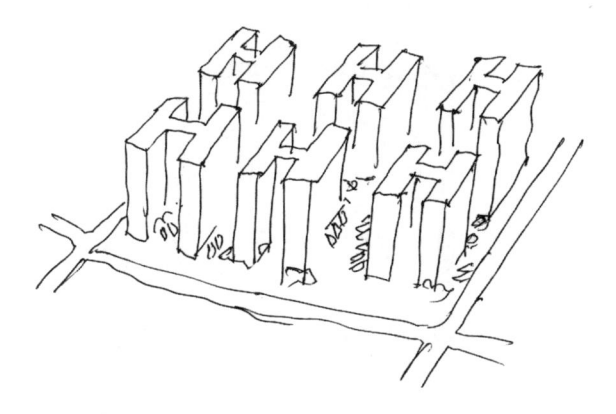

çado viário e nas definições das quadras que daí decorrem, como também estabelecem normas de localização dos edifícios de modo a garantir as qualidades paisagísticas de uma cidade-jardim de prédios horizontais de seis andares no máximo, formando edifícios laminares geradores de um espaço interno nas quadras com uma generosa proporção de áreas verdes entre os prédios, que tendem a circundá-las (ver Desenho 29).

Esses são exemplos de espaço urbano planejado que, no espaço de produção privada, a partir de loteamentos constituídos por quadras, por exemplo, de 50 m de largura por 100 m de comprimento, com ruas de largura média de 10 m, constituem os tecidos de tipo 1, depois 2 e finalmente de tipo 4. Nestes torna-se extremamente difícil a implantação de projetos de requalificação estrutural urbana com o instrumental jurídico-financeiro hoje disponível no Brasil.

O único instrumento operacional para isso hoje disponível são as operações urbanas, mas de difícil implantação em bairros de menor renda, pelo desinteresse que têm os incorporadores imobiliários de atuar sobre eles refazendo substancialmente a divisão de lotes, unificando-os em tamanhos maiores, chegando até ao tamanho da quadra inteira (ver Desenho 14).

Desenho 29

As superquadras e unidades de vizinhança de Brasília (em desenhos de Lucio Costa).

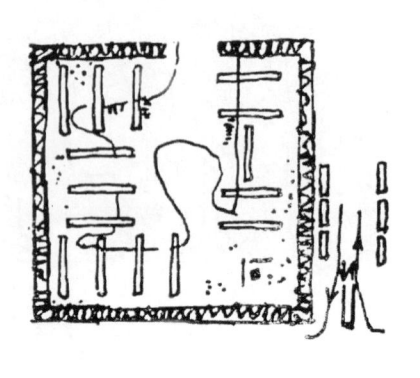

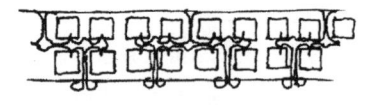

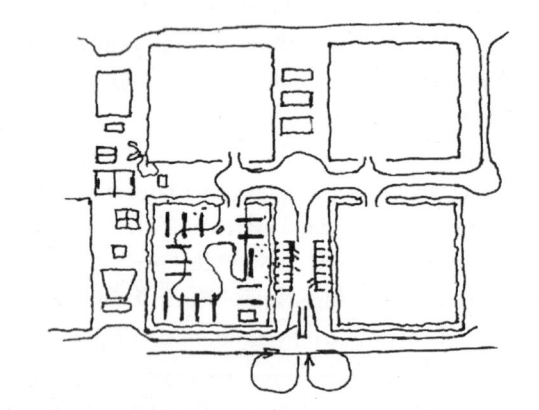

Candido Malta Campos Filho

O mercado imobiliário tem preferido atuar em lotes de 800 a 2.000 m² com uma tipologia arquitetônica de torres isoladas e dificilmente busca unificar lotes de uma quadra inteira para ganhar liberdade de um desenho com mais verde intersticial. No caso dos bairros populares, se os incorporadores decidem escolhê-lo como alvo de uma transformação maior, passam a sistematicamente investir neles, substituindo moradores de menor renda por outros de maior renda, mas lote a lote, dando preferência a lotes maiores de 2 a 5 mil metros quadrados, quando disponíveis.

O que assistimos no Brasil é a transformação do espaço urbano dos bairros de tecidos urbanos básicos 1 e 2 — com seus traçados viários e de quadras decorrentes de variada qualidade, depois de sua consolidação horizontal — em bairros populares ou de classe média.

Desenho 30
O processo de construção de edifícios altos
em bairros horizontais consolidados.

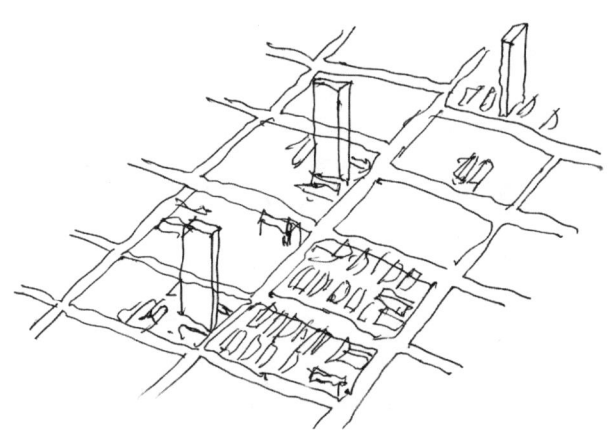

Depois da urbanização horizontal consolidada, começa o pipocar de prédios. Você gostaria que isto não se iniciasse em seu bairro? Ou que seu bairro fosse congelado, no seu estado atual? Ou que o processo continuasse? Ou que os prédios pudessem existir, mas em menor número, com determinado gabarito, e mais distantes entre si?

Desenho 31

O resultado final do pipocar de prédios com as atuais regras (mostrado aqui) é previsível, se o zoneamento permitir ou se a lei for sistematicamente desobedecida e os imóveis irregulares anistiados.

O resultado será uma Zona Mista de tipo 2: diversificada, de alta densidade e de alta centralidade, e por isso variada como oferta de tipos de comércio e serviços.

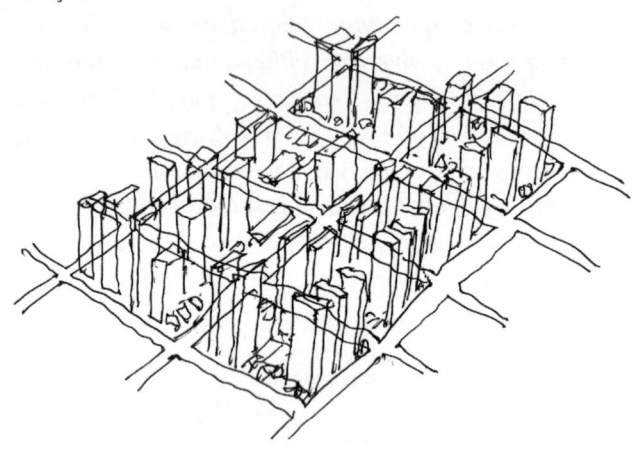

Esses bairros se tornam progressivamente verticalizados, através de um pipocar de prédios em meio a um casario horizontal, que vai aos poucos adensando o espaço construído.

Em muitos casos, provavelmente a maioria, vão se transformando de bairros populares em bairros de classe média, reduzin-

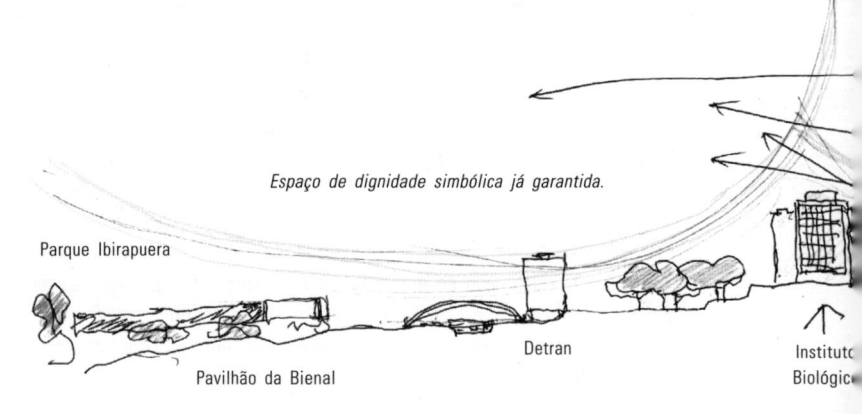

Espaço de dignidade simbólica já garantida.

Parque Ibirapuera

Pavilhão da Bienal

Detran

Institutc
Biológic

do a população moradora, mas aumentando exponencialmente os automóveis em circulação.

É isso que muitos urbanistas, defensores da mencionada estranha aliança entre movimentos populares e especuladores imobiliários, não enxergam ou não querem enxergar. Multiplicando os automóveis em circulação cerca de 20 vezes, como um simples cálculo demonstra, ao substituírem, por exemplo, uma casa por 20 apartamentos de classe média no mesmo lote.

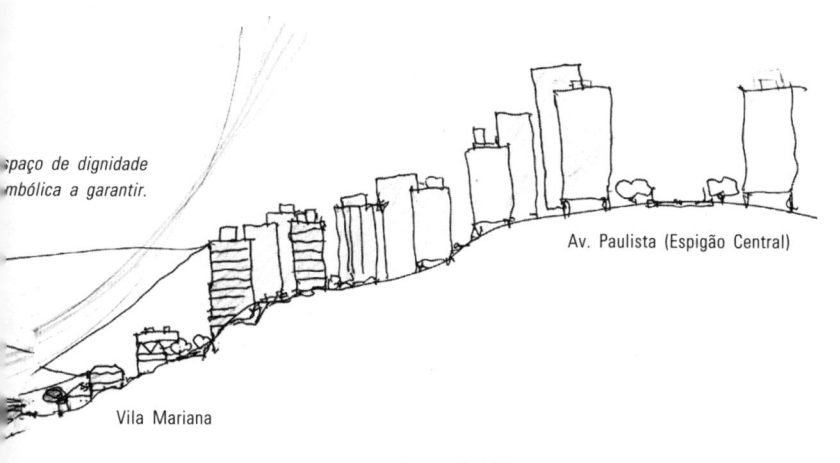

espaço de dignidade mbólica a garantir.

Av. Paulista (Espigão Central)

Vila Mariana

Desenho 33
O caso da Vila Mariana: diretrizes para área envoltória de preservação do Instituto Biológico (perfil esquemático desde o Parque Ibirapuera até o Espigão Central).

Isso aconteceu em Moema e no Brooklin Novo, que são bairros com cinco ou mais décadas de idade. É o que está acontecendo na Vila Mariana, em frente ao Instituto Biológico, um bairro mais antigo que Moema. A Vila Mariana, por exemplo, está resistindo a essa verticalização: muitos moradores querem horizontalizar o adensamento, com edifícios de no máximo quatro pavimentos. Receberam para isso meu apoio, pois nele se situa o magnífico edifício do Instituto Biológico, que é um marco arquitetônico na história do bairro, da cidade e do país, e que por isso foi tombado pelo Condephaat. No entanto, o Condephaat não integrou suficientemente o seu entorno, de modo a garantir a requerida visibilidade desse edifício monumental, de arquitetura eclética de grande beleza (ver Desenhos 32 e 33).

E o bairro continua lutando por essa lógica complementação. *A questão da existência de marcos monumentais como parte do tecido urbano nos coloca frente à distinção entre "lugares comuns", "lugares magnéticos" e "não-lugares"*, como veremos mais adiante.

Capítulo 19
A LOCALIZAÇÃO DOS TIPOS DE TECIDO URBANO NA ESTRUTURA URBANA EM PROCESSO DE MUDANÇA

Essa tipologia básica de tecidos urbanos constituída pelos quatro tipos se insere em uma estrutura urbana em posições variadas, recebendo influência e, por isso, modificando-se em razão dessa localização relativa.

Simplificadamente, poderemos graficamente apresentar a estrutura urbana da metrópole paulistana em dois momentos: em 1957, quando foi levantada sistematicamente pelo Padre Lebret através da instituição francesa de pesquisa que dirigia, a SAGMA-CS, contratada pelo prefeito Toledo Piza, da democracia cristã, e esta estrutura urbana comparada com a estrutura urbana atual.

Lebret levantou uma estrutura urbana polarizada por áreas centrais organizadas por níveis, desde o mais abrangente enquanto área de influência, que é o centro da metrópole, naquela ocasião correspondendo ao Centro Histórico, até o nível mais local, do centro de apoio de comércio e serviços de um bairro de moradia.

E fez o levantamento de tais centros por sua ligação entre si, com os espaços de moradia e com centros de emprego fora desses lugares centrais, relacionando-os ainda com os espaços externos à metrópole. Para cada nível desses centros de bairro, e para cada um dos bairros, levantou a oferta existente de comércio e serviços privados e públicos, incluindo a rede escolar e a rede de saúde (ver Desenho 34). Com isso mediu cientificamente a desigualdade de qualidades urbanas entre o centro e as periferias, que já ocorria em 1957, quando realizou sua pesquisa. Chamou esses bairros pobres periféricos desestruturados de "acampamentos", vendo neles uma organização provisória. E o que aconteceu com eles nos últimos 40 anos? Transformaram-se em bairros de verdade? E os novos acampamentos que foram sendo produzidos ao longo do tempo? É a lógica dessa produção continuada que temos que compreender para alterá-la no que ela tem de perversa em termos sociais.

Desenho 34
A hierarquia dos diferentes níveis de centralidade.

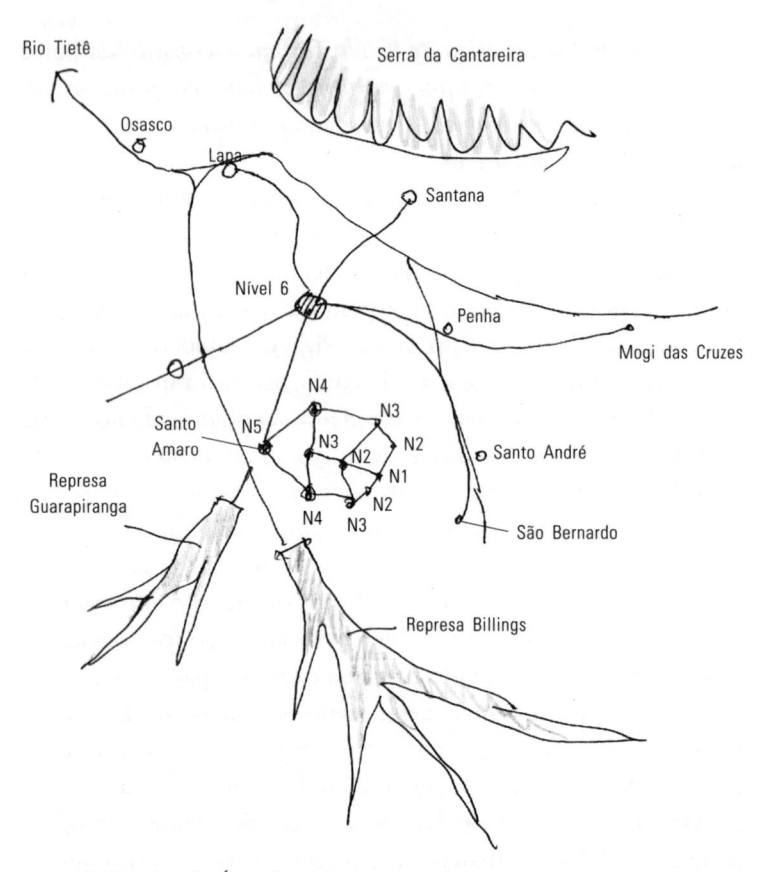

Cada nível da Área Central superior polariza todos os níveis inferiores a ele, como simplificadamente se quer mostrar no desenho acima, e o sistema estrutural de circulação interliga as áreas centrais entre si. Em São Paulo, metrópole, temos pelo menos 6 níveis na hierarquia de lugares centrais, segundo a pesquisa Lebret (SAGMACS).

Candido Malta Campos Filho

Um exaustivo levantamento da desigualdade de oferta dessas atividades na cidade permitiu ao Padre Lebret afirmar que a periferia constituía um "grande acampamento". Essa falta de raízes vai se modificando com o tempo. É como se as pessoas, de tanto passarem por lugares ou viverem neles, fossem desenvolvendo em suas solas dos pés raízes imaginárias, que as vão relacionando com eles transformando "não-lugares", como os acampamentos, em "lugares", na acepção do antropólogo francês Marc Augé. Quando vivemos nesses lugares, vamos com eles nos relacionando, e muitas vezes passamos a amá-los mesmo que sejam hostis e adversos. Quando essa adversidade atinge limites insuportáveis, abandonamos esses lugares. Essa insuportabilidade se refere muitas vezes, como no caso dos cidadãos de baixa renda, ao preço monetário a ser pago para neles ficar, ou então à falta de emprego, e por isso migramos.

Usualmente isso ocorre, mas não sempre, como vemos pela análise que estamos desenvolvendo, por exemplo, nos corredores de transporte que vão se formando com o aumento do trânsito: o valor de troca, ou seja, o preço a pagar aumenta, mas simultaneamente se reduz o valor de uso, ou seja, a qualidade de vida, para os que preferem lugares sossegados para morar, que penso sejam a maioria esmagadora da população.

A cidade em seu dinamismo próprio vai produzindo modificações na qualidade de seu espaço, destruindo "lugares" e substituindo-os por "não-lugares", em sentido negativo se o planejamento urbano não é praticado por uma forte atuação governamental, monitorada por ativa participação da cidadania, controlando o sistema de circulação e a localização de atividades pelo zoneamento no espaço de uma cidade, à medida que ela vai crescendo. *Obviamente, para que se possa agir assim, o poder público não pode estar desmoralizado por uma desobediência sistemática da legislação urbanística.*

Perceber a posição relativa de cada bairro nessa estruturação urbana que vai se modificando com o tempo (mudança medida por uma velocidade de tantos habitantes por década de crescimen-

to, e também pelo aumento de tantos automóveis por ano) e as consequências disso para o meio ambiente em que se vive, isto é, em que se mora, se trabalha e se desenvolve atividades de lazer e cultura, é o que pretendemos com este roteiro de análise destinado a você, que está nos lendo.

Desenho 35
A posição de seu bairro em relação à estrutura urbana da cidade.

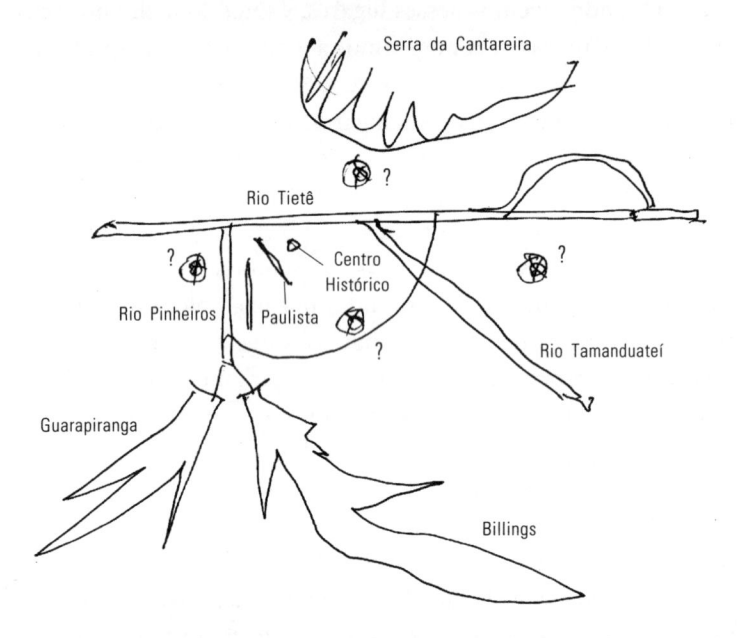

Onde está seu bairro em relação à estrutura urbana? Ao lado de um eixo estruturador que por meio do tráfego atrai atividades de todo tipo?

Por dentro de seu bairro passam vias interligadoras de outros bairros, grandes avenidas ou ruas estreitas com papel de avenidas? Por onde passam os principais corredores de transporte coletivo em relação ao seu bairro? Por onde passa o fluxo de tráfego, por dentro ou ao lado de seu bairro?

Você poderá ser expulso do bairro no qual deitou raízes, seja por um insuportável valor de troca que supere a sua capacidade aquisitiva, ou um insuportável, porque indesejável e nega-

Candido Malta Campos Filho

tivo, valor de uso. Defenda-se desse processo de expulsão aderindo à ideia de que o planejamento democrático, isto é, aquele que você ajudou a definir, deve prevalecer.

O Plano de Bairro é um instrumento para sua inserção no planejamento da cidade como um todo. Através dele e do Plano Regional que reúne os Planos de Bairro de sua subprefeitura, é possível compreender o jogo especulativo em que estamos metidos. No final das contas, a especulação acaba fazendo com que todos percamos, inclusive os especuladores que ganham monetariamente com os mecanismos legais (na verdade, esses mecanismos estão se tornando ilegais com a aplicação do novo instrumento de política urbana que o Congresso Nacional nos outorgou pela lei que aprovou o Estatuto da Cidade). O grande ganho especulativo é fruto da desobediência à lei urbanística (que é obviamente o caso mais odioso), mas, no caso, *se os especuladores ganham monetariamente, também saem perdendo com o valor de uso. Essa perda de valor de uso corresponde a um ambiente urbano cada vez mais hostil às nossas vidas, que vai já se tornando cada vez mais estressante e violento.*

Capítulo 20
O GRANDE PROCESSO EM CURSO DE
REESTRUTURAÇÃO URBANA DA METRÓPOLE

Podemos resumidamente expor o grande processo de reestruturação urbana em curso em São Paulo.

Inicialmente, isto é, na primeira metade do século XX, temos a formação de uma estrutura urbana radioconcêntrica. Isto é, o sistema de circulação radial e convergente para o Centro Histórico, com bairros se formando ao longo desses eixos e muitas vezes sendo cruzados por eles.

Esses eixos são formados por avenidas servidas no início por bondes, depois por ônibus. Finalmente, no Brasil (pois em países como Alemanha e Holanda, os bondes continuam existindo), retiram-se os bondes, aumenta a proporção de ônibus e cresce cada vez mais o número de automóveis. Com essa mudança modal, reduz-se a capacidade de uma via, pois os automóveis, conforme vão proporcionalmente aumentando sua presença em uma determinada via, vão reduzindo sua capacidade de transporte de passageiros e mercadorias.

Essa organização viária e dos usos *radioconcêntrica* foi a constatada por Lebret em 1957.

Esses eixos são formados também pelo sistema de subúrbios ferroviários, que — diferentemente dos ônibus, que disseminam o comércio e serviços ao longo das ruas mais movimentadas — concentram comércio e serviços junto às estações de transbordo, localizadas à distância média de 1 km umas das outras. Isso significa a geração de centralidades lineares no primeiro caso e de centralidades polares no segundo caso.

Nos eixos lineares de um bairro em início de formação, o comércio e o serviço que se instala é o local, de estrito apoio à

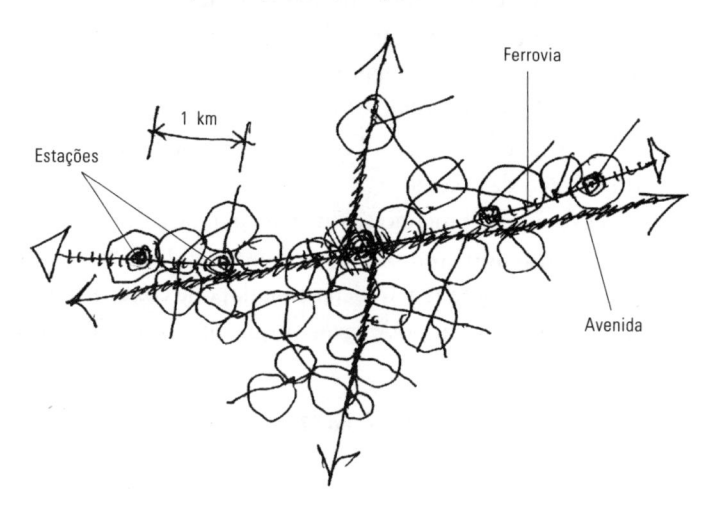

Desenho 36
Centralidades lineares ao longo das avenidas
e polares junto às estações das ferrovias.

Ferrovia

1 km

Estações

Avenida

moradia. São as padarias, as quitandas, o açougue, o pequeno supermercado, o barbeiro, a cabeleireira etc. Corresponde ao tecido urbano básico do tipo 1 (ver Desenhos 24 e 37).

Quando passamos para o tipo 2, a centralidade gerada, servindo a mais de um bairro, em um cruzamento de eixos, já possibilita ao mercado definir uma centralidade que, além do comércio e serviços locais, vai abrigar o de tipo diversificado (ver Desenhos 25, 38 e 39).

Em uma hierarquia urbana de centros considerados de baixo para cima, o centro de tipo 1 corresponde ao tecido urbano básico tipo 1, que é o local. O centro de tipo 2, que inclui o comércio e serviço local, e já começa a acrescentar o uso diversificado, é o que corresponde ao tecido urbano básico de tipo 2. O tecido urbano básico de tipo 3 exige, em suas proximidades, muitas vezes uma centralidade ou centro de tipo 1 local (ver Desenho 26).

O tecido urbano de tipo 4 tem as correntes de tráfego se entrecruzando no xadrez de vias, às vezes numa direção predominante, como é o caso da Chácara Santo Antonio, na região de

Reinvente seu bairro

Santo Amaro, com a Rua Verbo Divino ligando a Avenida Santo Amaro à Marginal Pinheiros. Às vezes, o tecido urbano de tipo 4 ocorre como em Moema ou como em Cerqueira César (entre a Rua Estados Unidos, avenidas Rebouças, Paulista e Brigadeiro Luiz Antonio, onde ocorre o fenômeno nas duas direções). É um fenômeno que está se consolidando no Centro Expandido (ver Desenhos 27 e 40), com exceção das Z1, que resistem a essa penetração do tráfego de veículos.

Nesses casos, o comércio se diversifica, e essa diversificação pode ir se acentuando com o tempo. A centralidade relativa do bairro em relação a uma região determinada, que concentra grande capacidade aquisitiva, pode fazer surgir um comércio e servi-

Desenho 37
1) Centro linear.

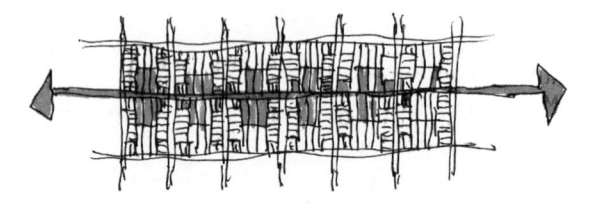

Desenho 38
2) Centro estelar.

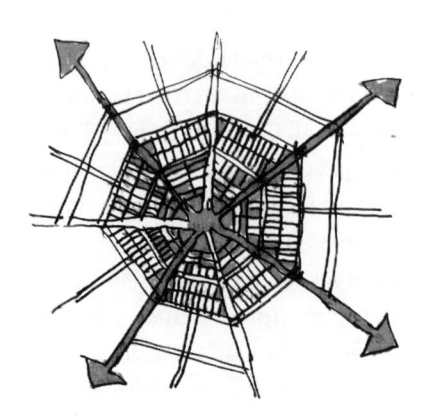

Candido Malta Campos Filho

Desenho 39

3) Centro junto a terminal ou estação de transbordo.

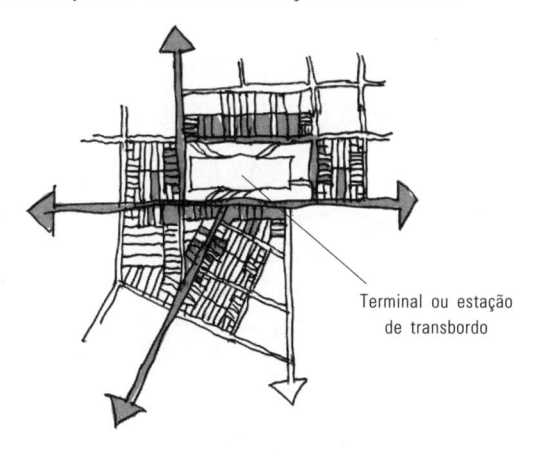

Terminal ou estação
de transbordo

Desenho 40

4) Centro em malha de vias.

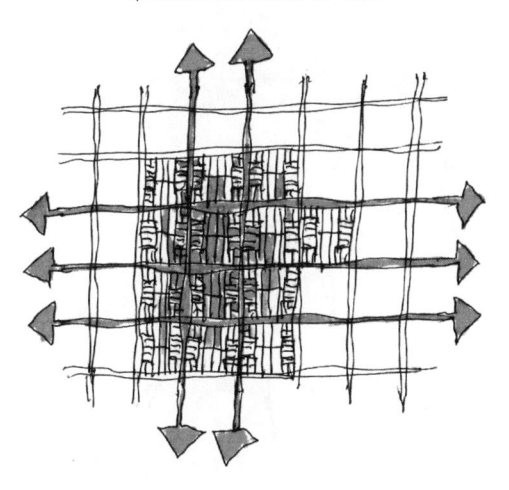

ços de rara frequência individual de demanda, mas que, na soma das raridades individuais de frequência das demandas, pode surgir um mercado suficiente para justificar o surgimento de comércio e serviços de alta sofisticação, com a clientela que os busca vindo até de fora da cidade.

Reinvente seu bairro

A dispersão do Centro Expandido pelo crescente uso do automóvel.

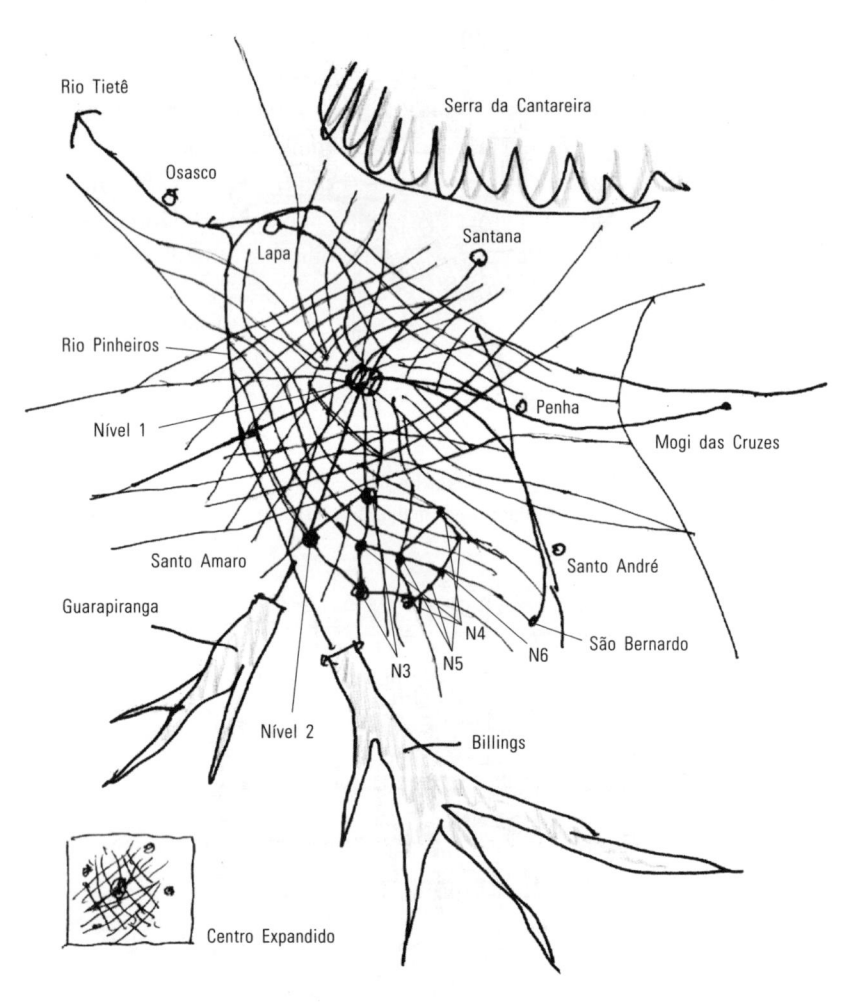

Centro Expandido

Sobre a estrutura polarizada de centros identificada por Lebret está atuando a pressão dispersadora de usos urbanos produzida essencialmente pelo crescente uso dos automóveis. Está sendo diluída a estrutura antes formada de centros fundamentalmente lineares que seguiram a lógica do transporte coletivo.

Esse processo diluidor já se completou no chamado Centro Expandido de São Paulo, delimitado pelos rios Pinheiros e Tietê.

Assim, ao centro de tipo 1 de caráter local e um de tipo 2 que começa a se diversificar, podemos acrescentar outros níveis com diversidade crescente em função da amplitude dos mercados, definindo esta em termos de número de habitantes servidos, cruzada essa característica com o nível de renda dos mesmos. Os analistas de mercado, ao estudarem a localização de empreendimentos de comércio e serviços, notadamente os *shopping centers*, estudam essas características associadas às facilidades e dificuldades relativas de acesso, e assim definem a melhor localização para o empreendimento.

Capítulo 21
TIPOS DE LUGARES NA CIDADE:
LUGARES COMUNS, MAGNÉTICOS E NÃO-LUGARES,
QUALIFICADOS OU DEGRADADOS

O papel dos monumentos como referência histórica, pontuando e destacando fatos que engrandecem a cultura de um povo, testemunhas de sua memória pública, criam o que teóricos do urbanismo qualificam como espaços magnéticos, que fazem contraponto aos espaços comuns, que são os espaços de nossa vida cotidiana. A dialética de uma cidade como valor de uso é constituída pelo evoluir histórico em meio aos conflitos sociais que lhe são inerentes na produção, apropriação e consumo das estruturas urbanas e dos tecidos urbanos com elas coerentes. No território assim decorrente, devem existir poucos *lugares magnéticos* para que não sejam banalizados (conforme o geógrafo urbano Marco Torres, de Veneza) e estes devem dialogar, mas muitas vezes se opõem a lugares comuns que são os da vida cotidiana da maioria (conforme o arquiteto e urbanista Giuseppe Paba, de Florença). Esses *lugares comuns*, onde hoje mora a maioria dos cidadãos, por sua vez apoiam ou se opõem aos magnéticos. Esses lugares comuns e magnéticos são interligados por *"não-lugares"* (conforme o antropólogo Marc Augé, de Paris), espaços altamente codificados ou regrados no seu uso, como são os aeroportos e como tendem a ser os *shoppings* (que, no entanto, se esforçam para se tornarem *"lugares"*).

Citamos os lugares de onde provêm os pesquisadores porque são a base de seu trabalho intelectual; ao mencionarmos os lugares urbanos vistos e vividos de certo modo por tais autores, contextualizamos culturalmente suas obras. Na nossa interpretação, esses autores estão fundamentalmente refletindo sobre seus

Candido Malta Campos Filho

lugares de moradia e vivência maior, Veneza, Florença e Paris. A Veneza histórica, uma cidade magnética como poucas. A Florença com sua periferia de lugares de produção coletiva (os lugares comuns de Paba) e seu Centro Histórico magnético, em diálogo. A Paris com os não-lugares do tipo *shopping* proibidos de serem instalados no tecido histórico, em benefício dos lugares constituídos pelo entrelaçamento harmonioso entre comércio, serviços e habitação, característico do estilo de vida do centro da cidade. Esses lugares também podem ser analisados se transformando gradativamente em lugares da manifestação da sociedade do espetáculo ou da imagem, como mostra Guy Debord,[2] especialmente ocorrendo nos lugares magnéticos e nos não-lugares. Ou da especulação financeira e imobiliária como multiplicação do capital fictício em contradição com o capital produtivo, como mostra Giovanni Arrighi, a partir de Fernand Braudel, em *O longo século XX*,[3] ao longo de quatro gigantescos e históricos macrociclos seculares de nascimento e transformação do capitalismo do século XIII ao XXI. Esses autores, por exemplo (e comentamos isso brevemente, por não caber aqui um aprofundamento dessa temática), nos fazem pensar no gradativo surgimento de uma burguesia produtiva e ambientalista, derivada e fortalecida, a cada macrociclo histórico, através de uma crescente afirmação do capital produtivo sobre o especulativo, com retrocessos temporários, por algumas décadas, a cada um desses ciclos, quando retorna a especulação como etapa transitória no aguardo de novo ciclo de acumulação.

A burguesia progressista vinculada à produção, que é a ambientalista, como proponho interpretar, vai se opondo a uma decadente burguesia predatória, vinculada a todos os tipos de especulação, inclusive a imobiliária, mantendo, no entanto, imbricações entre si. Essas burguesias, a produtiva e ambientalista de um

---

[2] *A sociedade do espetáculo*, Rio de Janeiro, Contraponto, 1997.

[3] Rio de Janeiro/São Paulo, Contraponto/UNESP, 1996.

lado, e a predatória especulativa de outro, disputam a hegemonia do processo social quanto às estruturas e organizações sociais de passagem de uma estrutura arcaica capitalista da acumulação primitiva para uma estrutura avançada da reprodução ampliada do capital.

Como exemplo desse processo, vemos o que ocorreu no Brasil na produção escravista do açúcar de exportação pelos engenhos do período colonial, como nos mostra José de Souza Martins (ver *O poder do atraso*[4]), onde a configuração produtiva associou a mão de obra escrava com o capital mercantil de atuação internacional.

É o que ocorre ainda hoje nas configurações produtivas da construção civil. Veja-se especialmente o rentismo, o loteamento urbano e a incorporação imobiliária que atuaram durante o século XX e agora adentrando o XXI na produção do espaço urbano, objeto desta nossa análise pela ótica do cidadão que quer entender sua inserção na estrutura e no tecido urbano.

O livro que escrevi, *Cidades brasileiras: seu controle ou o caos*, já citado, é uma introdução a essa temática onde se destaca o papel da especulação imobiliária na produção, apropriação e consumo do espaço urbano no Brasil. Recomendo a sua leitura ao leitor que quer enveredar por um conhecimento mais aprofundado dessas questões.

---

[4] São Paulo, Hucitec, 1994.

Candido Malta Campos Filho

Capítulo 22
AS CONFIGURAÇÕES BÁSICAS
PRODUTIVAS IMOBILIÁRIAS E SUA INFLUÊNCIA
NA DISCUSSÃO DO ZONEAMENTO

Os agentes citados de produção, apropriação e consumo do espaço urbano se organizam segundo configurações básicas:

1) *loteadores privados*;

2) *autoconstrução pelos empobrecidos*, incapazes de comprar no mercado imobiliário sua moradia;

3) *"por encomenda"* do projeto e construção *pelos pequenos-burgueses e burguesia*, de uma casa em um lote;

4) *"rentistas"*, que constroem ou compram de quem constrói, para aí alugar para terceiros;

5) *"incorporadores"*, historicamente substituindo, aos poucos, os "rentistas", especialmente a partir da década de 1950 no Brasil, sendo que os segundos alugam, enquanto os primeiros vendem no mercado imobiliário;

6) *produção pública da habitação para a baixa renda*;

7) *produção pública da requalificação urbanística* de áreas degradadas de uma cidade, em ações urbanísticas pontuais, que podem ser em um lote só ou em uma ou mais quadras, somando vários hectares, que estamos chamando de "Operações Urbanas", mas que, no contexto do PDMSP 2002, se acrescentou o que se chamou de "Projetos Estratégicos".

Essas configurações se combinaram e ainda se combinam ao longo da história de uma cidade, no parcelamento, uso e ocupação do solo urbano, produzindo a simultaneidade de modalidades produtivas não coetâneas. Isto é, vemos atuando ao mesmo tempo, e até combinadamente, configurações produtivas que, em princípio, pertenceriam a épocas históricas diversas, mas que, como vemos na realidade dos fatos, existem simultaneamente, com interesses imbricados e potencialmente conflituosos.

Essas sete configurações produtivas imobiliárias dependem das configurações produtivas "dos serviços urbanos". Dentre elas, destaca-se, como vimos, a configuração produtiva "da circulação urbana". Outra de importância fundamental para a qualidade da vida urbana é a "do saneamento ambiental", que lida com água, esgoto, enchentes e lixo.

A *configuração produtiva da circulação* se subdivide na que produz o *espaço viário* (tendo como agente privado principal *as empreiteiras de obras públicas*) e a dos *veículos* que sobre ele trafegam (*a indústria automobilística*). Distingue-se claramente aí a questão da disputa do espaço viário entre o automóvel e o ônibus, que, embora aparentemente não signifique uma disputa no interior da indústria automobilística, assim se configura na realidade dos fatos urbanos, pelos empregos e renda gerados na muito maior produção de automóveis do que de ônibus, para a economia nacional. *Mas, contraditoriamente, pelos congestionamentos crescentes que prejudicam o transporte coletivo mais que o individual, o cidadão, ao se ver congestionado em um cenário de vias lotadas por veículos, passa a preferir o automóvel ao ônibus, e passa a querer utilizar todo o sistema viário disponível. Dessa forma vai, sem querer, contribuir para a transformação dos tecidos urbanos básicos do tipo 1, 2 e 3 no tipo 4, desqualificando, aos olhos da maioria dos cidadãos, assim pensamos, a qualidade ambiental dos bairros de moradia.*

Se no passado, durante todo o século XX, mais na segunda do que na primeira metade, o planejamento urbano foi fortemente influenciado pela combinação de interesses — de um lado, o das empreiteiras produzindo espaços viários mais amplos (as avenidas, viadutos e túneis), e de outro, o da crescente indústria automobilística, para atender a demanda crescente por veículos automotores (cada vez mais por automóveis do que por ônibus) —, os incorporadores logo assumiram essa lógica urbanística de um modo próprio, brasileiro, com a defesa e disseminação do estilo de vida de moradia em edifícios altos. Talvez tenham aí desenvolvido uma versão da sensibilidade mediterrânea, preferindo espaços urbanos mais construídos do que verdes. O que é o oposto das culturas do centro e norte da Europa, que até hoje preferem espaços mais verdes e menos construídos, proporcionalmente, com prédios baixos de até seis pavimentos, no máximo. Em Berlim, por exemplo, o gabarito máximo permitido é de 21 m de altura.

Surgiram então em São Paulo edifícios cada vez mais altos, se desenvolvendo e predominando o tipo, enquanto altura edificada, de prédios de apartamentos com formato de torres, que no início de século XX tinham quatro ou seis pavimentos, no meio do século tinham de 10 a 15 e no final do século estavam atingindo de 20 a 30 pavimentos. Onde vai chegar essa lógica? No início do século XX tínhamos um tecido urbano mais assemelhado ao tipo europeu, com as edificações ocupando toda a testada do terreno dando para a rua, e um prédio encostando no outro com uma variação de altura de dois a seis ou oito pavimentos. A partir do Prédio Martinelli, enveredamos pela preferência das torres isoladas, em que estamos até hoje. Ela corresponde a uma opção consciente de muitos? Acredito que sim, embora ela possa mas não deva estar associada a processos especulativos imobiliários, pois estes artificialmente pressionam por prédios cada vez mais altos, que tendem a se isolar nos lotes (mas não o suficiente, a nosso ver, com relação aos recuos laterais, de frente e de fundos, para resultar em boa ventilação e privacidade).

A outorga onerosa do direito de construir para os edifícios altos será um modo de não mais se jogar os custos de urbanização dos serviços de suporte, especialmente de circulação, que os moradores desses prédios adensadores da demanda exigem, nas costas de toda a população, através do seu pagamento com o dinheiro arrecadado pelos impostos gerais. A cobrança de um preço pelo potencial construtivo adicional que se compre será um modo de ressarcir o que já foi investido por nós na infraestrutura de suporte dos edifícios enquanto serviços urbanos. Assim, a outorga onerosa será um instrumento novo a municiar o poder público com recursos, sem que o dinheiro tenha que ser o nosso, e sim o dos diretamente beneficiados pelos novos investimentos necessários em infraestrutura para suportar a maior intensidade dos usos urbanos.

Desse modo, o ímpeto adensador deverá de agora em diante arrefecer, mas não o suficiente, dada a versão aprovada da outorga onerosa no PDMSP 2002, pouco efetiva e que deve ainda ser aperfeiçoada no futuro. Mas, mesmo assim, não se poderá descuidar dos cálculos da capacidade de suporte do sistema de circulação, se quisermos corrigir aos poucos o histórico desequilíbrio que os especuladores imobiliários estabeleceram em nossa cidade, ao construir muito mais do que a capacidade de suporte instalada. Acrescente-se o processo de redução da capacidade de circulação do sistema viário existente, pois a utilização dessa mesma capacidade instalada, no caso do sistema viário, é cada vez menor pela indevida, mas muito difícil de ser evitada, substituição dos ônibus grandes por pequenos, destes por peruas e vans e destes por automóveis e dentre esses, dos pequenos pelos médios e destes pelos grandes! Veículos coletivos cada vez menores e veículos individuais cada vez maiores reduzem o número de passageiros transportados que conseguem circular no espaço dado por uma largura de via, número limitado também em função da declividade da via ser maior ou menor, de interrupções por sinais de trânsito etc. Essa substituição cada vez mais rápida em curso, do transporte coletivo pelo individual, é a raiz da crise do sistema de ônibus que estamos vivendo em São Paulo.

Candido Malta Campos Filho

Capítulo 23
A INSUFICIENTE VERSÃO DE OUTORGA ONEROSA APROVADA NO NOVO PLANO DIRETOR DE SÃO PAULO

A versão de outorga onerosa aprovada no PDMSP 2002 é boa, mas insuficiente, pois ficou mantida a possibilidade de ganho especulativo com a mudança de zoneamento, especialmente a partir das Z1.

Ao se ter mantido o coeficiente de aproveitamento básico, que é gratuito, isto é, não é sujeito à cobrança da outorga onerosa, igual a duas vezes a área do terreno para os edifícios de apartamentos da classe média, caso dos edifícios identificados pela lei de zoneamento como uso R3, que constituem o maior mercado para os incorporadores, ficou mantido o interesse especulativo de transformação das Z1.

Estas foram denominadas ZER do tipo 1, "zonas estritamente residenciais", onde apenas casas são permitidas, as quais têm coeficientes de aproveitamento igual a 1. Esse ganho especulativo ocorre todas as vezes que as ZER-1 são mudadas para zonas mistas com coeficiente de aproveitamento básico, gratuito, igual a 2. Continua-se assim a dobrar o valor de troca com uma simples mudança de zoneamento, que é o jeito mais simples de especular. Pode-se aí ganhar fortunas, jogando-se a conta do custo da infraestrutura adicional decorrente, se a mesma tiver que ser ampliada (como quase sempre ocorre), nas nossas costas, como pagadores de impostos.

É claro que a mudança de zoneamento, pelos escândalos públicos produzidos quando é especulativa (como recentemente vimos ocorrer nos casuísmos aprovados na calada da noite por ocasião da aprovação do Plano Diretor), gera um obstáculo político importante, ao desmoralizar quem a pratica. Graças a isso, conseguimos que tais emendas fossem vetadas pela prefeita e respeitados os vetos pela Câmara Municipal.

Assim, as pressões por alterações casuísticas do zoneamento visando especialmente as Z1 continuarão muito presentes, à espreita de uma oportunidade para serem aprovadas. Certamente se utilizarão de todos os meios, lícitos e não lícitos muitas vezes, para atingir essa finalidade, como parte de um comportamento que podemos denominar *burguês predatório*, em oposição a uma *burguesia ambientalista*, progressista e produtiva, como também pode ser denominada (ver o texto "Burguesia ambientalista *x* burguesia predatória", ao final deste volume).

Capítulo 24

OS PLANOS DE BAIRRO INSERIDOS NOS PLANOS REGIONAIS: EM BUSCA DE UM PLANEJAMENTO MAIS PROTETOR E AMIGÁVEL, QUALIFICADOR DE NOSSA VIDA NA CIDADE

A discussão dos Planos Regionais e dos Planos de Bairro cria um novo palco de debate público, onde os interesses conflitantes podem se apresentar — embora os interesses especulativos, envergonhados dos valores antissociais que defendem, prefiram a ação nos bastidores, como vimos recentemente na aprovação das emendas especulativas do Plano Diretor. Nesse caso, a imprensa levantou, inclusive, a suspeita de que setores interessados na valorização das áreas envolvidas haviam entendido que deviam pagar um preço para obter apoio de determinados vereadores, e estes, por isso, preferiram permanecer no anonimato em sua maioria, protegidos pelas lideranças que conduziram as negociações.

Oportunamente vetadas pela prefeita, essas e outras emendas casuísticas certamente voltarão à baila por ocasião da discussão dos Planos Regionais e, principalmente, do projeto de lei a ser enviado à Câmara Municipal, reformulando a Lei de Zoneamento em suas diretrizes gerais para o conjunto do município.

Essa revisão da Lei de Zoneamento em vigor desde 1972, como muitas leis aprovadas na década que vai de 1972 a 1982, redefinirá as tipologias básicas e outros critérios que nós, cidadãos, considerarmos pertinentes.

Por exemplo, devemos avaliar se é prioritária a definição da altura dos edifícios (gabarito de altura) ao invés do coeficiente de aproveitamento como ferramenta importante de definição paisagística, para caminharmos no sentido da redução do caos paisagístico na maior parcela do território urbano municipal. Quem gosta da diversidade de alturas dos prédios, como é hoje predominante na paisagem em São Paulo, defende o coeficiente de aproveitamento como instrumento de controle. Quem acha que a paisagem está caótica demais defende determinado gabarito de altura máxima, pelo menos para o seu bairro de moradia e de trabalho. Hoje apenas as zonas Z1, Z14, Z15, Z16, Z17 e Z18 definem alturas máximas para as edificações, e a soma das áreas protegidas por essa definição corresponde apenas a cerca de 10% da cidade.

Veja no capítulo 39 um quadro referencial dos tipos de zonas existentes que permite compreendê-las melhor e, ao mesmo tempo, perceber as lacunas e imperfeições do zoneamento em vigor até a aprovação do PDMSP 2002.

Muitos urbanistas brasileiros vêm se preocupando cada vez mais com a qualidade paisagística no interior dos bairros, defendendo um zoneamento mais protetor, como no caso das zonas com gabarito de altura para os prédios.

O desrespeito à lei instituída, comprando-se a vista grossa de autoridades mediante influência política e/ou propinas, tem sido um importante fator do aumento da feiura e da inospitalidade da cidade, que prejudica a todos nós.

As zonas gabaritadas são aquelas onde se define o número máximo de andares, assim como a altura máxima de um prédio. São verificáveis, fiscalizáveis pelo cidadão comum. O coeficiente de aproveitamento sozinho, com parâmetro definidor de volume construído, não é verificável pelo cidadão leigo, não técnico. *Por isso, sou favorável à utilização maciça de zonas gabaritadas.*

Pesquisas, seminários, congressos, artigos e livros são produzidos levantando essas questões nas universidades e centros de pesquisa. A morfologia urbana está entrando cada vez mais na agenda de ensino e pesquisa em arquitetura e urbanismo no Brasil.

Candido Malta Campos Filho

Capítulo 25
UM MOMENTO PROPÍCIO DE AFIRMAÇÃO
E APROFUNDAMENTO DA CIDADANIA

Este é um momento propício para debatermos amplamente o planejamento da cidade com a população, com destaque para o planejamento dos bairros, a ser sempre articulado com os níveis mais gerais. O Plano de Bairro é uma novidade que está sendo introduzida no planejamento da cidade de São Paulo, por proposta e insistência do Movimento Defenda São Paulo. Essa possibilidade consta do Plano Diretor, embora não ainda com a força e a clareza que queríamos. Mas de modo suficiente (conforme artigo 2, § 2, inciso VII, artigo 198, incisos III e IV, e artigo 278 do mesmo Plano Diretor) para que sejam inseridos nos Planos Regionais, deles fazendo parte integrante e sendo por isso aprovados por lei em seu bojo.

Mas o cidadão não conseguirá sozinho desenvolver os trabalhos necessários para que um plano de bairro seja feito. Só uma união de moradores em torno das entidades representativas do bairro lhe dará condições materiais e de representatividade para desenvolver proposições com condições de aceitabilidade pelo poder público. É o que nós, do Movimento Defenda São Paulo, estamos fazendo através das entidades organizadas de moradores dele participantes.

Se você ainda não é parte desse movimento, entre em contato com a sede do Movimento pelo telefone (11) 5561-2920.

Em outubro e novembro de 2002, a Prefeitura relutava em aplicar vários dispositivos que ela mesma quis aprovar no Plano Diretor. A pressa com que o mesmo foi aprovado parece ter impedido, até agora, que o próprio Poder Executivo municipal absorvesse todas as consequências administrativas dos dispositivos ali aprovados. Ele alega não ter suficientes recursos humanos, materiais e financeiros.

Não temos, assim, até o momento, um roteiro metodológico de elaboração de como a Prefeitura entende que os Planos Regionais devam ser elaborados, em articulação com o Plano de Transporte, o de Habitação e o de Uso do Solo, como exigido por dois artigos, o 183 e o 271, do PDMSP 2002.

Só se tem uma compilação elaborada pela SEMPLA, dos diversos dispositivos do Plano Diretor que influenciam os Planos Regionais, que omite, no entanto, a articulação exigida pelo Plano Diretor, dos Planos Regionais com os citados Planos de Transporte, de Habitação e de Uso do Solo.

Ouviu-se dizer que tais trabalhos ainda seriam contratados externamente a Prefeitura. Um contrato com a Fundação Getúlio Vargas foi feito com o objetivo de definição de metodologia dos Planos Regionais somente na segunda quinzena de novembro de 2002. Mas simultaneamente, enquanto a metodologia dos Planos Regionais está ainda sendo elaborada, a própria Prefeitura, que não tem metodologia, exige de nós, cidadãos, que façamos um diagnóstico dos problemas! *Com que metodologia? Que cada um invente a sua!* Mas, dos oito meses legalmente disponíveis a partir da aprovação do novo Plano Diretor até 30 de abril de 2003, já haviam se passado dois. Há informações de que, por enquanto, não existem recursos suficientes para as contratações externas de elaboração de Planos Regionais. Mas, como se vê, nem a metodologia foi definida. Por outro lado, existem dados essenciais, como os relativos a uma nova Pesquisa O/D (Origem e Destino) de tráfego na região metropolitana, feita em 2002 pela Secretaria de Transportes Metropolitanos do Governo do Estado de São Paulo e que serve muito oportunamente para a elaboração do PDMSP 2002, que ainda não estão disponíveis, pois seus dados ainda não foram tabulados. E a Prefeitura, em seus poderes centrais, queria receber prontos os Planos Regionais até o final de fevereiro de 2003, para poder ter dois meses para integrá-los, rediscuti-los com a população e enviá-los à Câmara Municipal para exame. Tudo indica que não haverá tempo hábil para tudo ser feito com sólida base técnica. E o que se ouve é que, em nome dos prazos curtos que se definiu para elaborá-los, é necessário aceitar uma diminuição das expectativas de qualidade. *Uma mediocrização de objetivos parece ser o resultado desse processo, como vimos na definição do próprio Plano Diretor,* no qual questões-chave, como o lixo, os mananciais, os transportes e a habitação (especialmente quanto aos recursos para investimentos), ficaram com metas medíocres ou nulas, foram formuladas de forma simplificada e insuficiente (caso dos transportes), ou até amadora (como no caso do lixo). *Um segundo tempo foi estabelecido, o de 30 de abril de 2003, mas, ao que tudo indica, não poderá ser cumprido com um mínimo de qualidade técnica e de efetiva participação popular. Pela dependência que vimos que os Planos Regionais têm em relação aos Planos de Transportes, Habitação e Uso do Solo, se estes não são elaborados a contento, com qualidade técnica e orientação, simplesmente os Planos Regionais poderão ficar tão capengas que não devam ser por nós aprovados. Poderemos ter, por exemplo, uma definição não calculada com suficiente base técnica do potencial construtivo a ser permitido para edifícios em cada região de cada subprefeitura. Isso, por si só, produzirá uma piora em nossa qualidade de vida, o que é inaceitável.*

Devemos estar atentos a todos esses aspectos, porque pode ser pior um plano ruim, que agrava problemas, do que nenhum. Mas devemos nos esforçar para oferecer o máximo de contribuição que pudermos como cidadãos, ainda que não seja possível substituir o poder público enquanto meios técnicos e financeiros.

Muitos de nós, como é o meu caso, têm profunda experiência na elaboração de Planos Diretores e leis de zoneamento em todo o país. No que se refere ao município de São Paulo, pelo fato de ter sido Secretário de Planejamento por cinco anos seguidos (nas gestões Olavo Setubal e Reynaldo de Barros, entre 1976--1981), em um período histórico em que estava se completando a Lei de Zoneamento, me foi possível dirigir a definição de 31 leis e 15 decretos regulamentadores de parcelamento, uso e ocupação do solo que estão em vigor, os quais podem ou não ser substituídos, dependendo da direção que caminhem as propostas de nova legislação urbanística.

Mas as pressões adensadoras especulativas estavam muito presentes na versão de Plano Diretor enviada pelo Poder Executivo à Câmara Municipal em 2002. Elas foram amenizadas, mas o novo Plano Diretor é ainda nitidamente adensador, sem distinguir claramente, como vimos, *um repovoamento necessário por famílias de baixa renda de um adensamento congestionador pelas classes médias.*

Também, pela importância que já dava e ainda dou às definições do sistema de circulação para o futuro da cidade, tanto do ponto de vista econômico como social e do ambiente urbano, fizemos durante três anos um gigantesco esforço para produzir um *software*, um programa de computação que permitisse a simulação por modelos matemáticos das relações entre o uso do solo urbano e o sistema de transportes. Conseguimos desenvolver um conhecimento específico, de modo articulado entre a Prefeitura Municipal de São Paulo e o Governo Estadual, através da então COGEP, hoje SEMPLA (Secretaria Municipal de Planejamento), que então dirigimos; da CET (Companhia de Engenharia de Tráfego); da Cia. do Metrô, na ocasião dirigida pela Prefeitura e participando pelo Governo do Estado; e da EMPLASA (Empresa Metropolitana de Planejamento). Isso foi feito com um trabalho de equipe do mais alto nível, com a consultoria de um técnico de transporte de grande reputação internacional, o chileno Marcial Echenique, então reconhecido como quem mais havia conseguido avançar em termos metodológicos na criação de um modelo de representação do funcionamento de uma cidade, enquanto relações entre as atividades distribuídas no território urbano e o sistema de circulação. Tal modelo, denominado Modelo de Uso do Solo e Transporte (MUT), exigiu, durante os três anos em que foi desenvolvido, inclusive em gastos com o pessoal técnico local que

Candido Malta Campos Filho

foi treinado para operá-lo e na Pesquisa O/D feita em 1977, US$ 3 milhões. Quem quiser conhecê-lo pode consultar a publicação técnica da COGEP-MUT publicada em 1981. Esse modelo é reconhecido nos meios técnicos de planejamento de transportes urbanos, assim como no Departamento de Transporte da Escola Politécnica da Universidade de São Paulo, como o mais completo e avançado no estabelecimento das relações entre o transporte urbano e o uso do solo de uma cidade no Brasil.

É possível, pois, retomar tais objetivos pela Prefeitura Municipal de São Paulo. Ela já praticou há 20 anos tal modo de planejar. Não se pode dizer, portanto, que tal postura é teórica, desligada da capacidade real de fazer as coisas da prefeitura de nossa cidade.

Outras prefeituras já se utilizaram desse método de cálculo, de forma mais simplificada, sem dúvida, como a de Campinas, para a fundamentação de seu Plano Diretor aprovado por lei. Na gestão de Luiza Erundina, foi desenvolvida metodologia de cálculo para a definição de estoque de direitos de construir com base na capacidade infraestrutural de suporte, que deve ser considerada como uma contribuição positiva para essa finalidade, embora incompleta em seu resultado. E se São Paulo quer ser um exemplo de qualidade para as outras grandes cidades brasileiras, é esse o caminho que deve voltar a trilhar.

Mas, diante da ânsia adensadora indiscriminada, é importante termos esse instrumento de análise, pois com ele é possível, através de seu método de cálculo, muito bem discernir quando o adensamento é bom e quando ele é mau.

E o que pode segurar tal diretriz adensadora, dos malefícios que poderá produzir, são os Planos de Transporte, Uso do Solo, de Habitação, bem pormenorizados nos Planos Regionais, feitos com seriedade, competência técnica e efetiva participação popular. Esperamos ainda que possamos caminhar nesse sentido.

Relembrar esses fatos hoje é importante para mostrar a discrepância existente entre o nível técnico elevado que já foi praticado na Prefeitura Municipal de São Paulo e a atual precariedade de prazos, recursos técnicos e financeiros com que se está desenvolvendo o Plano Diretor da maior cidade brasileira, uma das mais importantes metrópoles mundiais.

As simplificações devem ser balizadas por limites de qualidade específicos, abaixo dos quais os riscos decorrentes para a cidade podem ser inaceitáveis. Devemos estar atentos para não termos de aceitar algo que não é de nosso interesse como cidadãos, pois poderemos ser muito prejudicados pelas consequências, especialmente pelo agravamento dos congestionamentos e pela não resolução dos demais problemas da cidade, como as enchentes, a presença de favelas, cortiços e moradores de rua, e a gradual perda dos mananciais de água potável dos arredores da metrópole.

Candido Malta Campos Filho

Parte II
COMO DIRECIONAR
POSITIVAMENTE A FORMAÇÃO
E TRANSFORMAÇÃO
DO TECIDO URBANO

Capítulo 26
ROTEIRO PARA DESENVOLVER
OS PLANOS REGIONAIS COM BASE
NAS DIRETRIZES DO PLANO DIRETOR
E DOS PLANOS DE TRANSPORTE,
USO DO SOLO E HABITAÇÃO

A seguir, um roteiro para desenvolver os Planos Regionais com base nas diretrizes do Plano Diretor e daquelas diretrizes a serem estabelecidas pelo Plano de Transporte, de Uso do Solo e de Habitação, todos a serem elaborados simultânea e articuladamente até 30 de abril de 2003, como previsto na lei aprovada do PDMSP 2002, em seus artigos 183 e 271.

Como vimos, existem vínculos básicos entre a estruturação urbana e a formação dos tecidos urbanos, enquanto qualidades diferenciadas de vida urbana, como raciocínios a serem desenvolvidos pelos cidadãos para conscientemente poderem participar da definição da regulação urbanística, especialmente o planejamento da infraestrutura de serviços urbanos, destacadamente os de circulação, e o planejamento das regras de uso do solo, destacadamente as do zoneamento, regulação urbanística que modelará a sua vida tanto presente como futura na cidade de São Paulo.

Vimos que a definição legal de densidades populacionais máximas previstas são um objetivo para a maioria dos cidadãos que não desejam viver em áreas de vida muito intensa e agitada.

Mesmo esses cidadãos que preferem a vida intensa provavelmente definirão limites para essa intensidade de vida urbana nos seus bairros de vivência na cidade. E os equipamentos de serviços urbanos de toda a natureza — inclusive de educação, saúde, cultura e lazer, tanto os públicos como os privados, e não apenas os de circulação e saneamento básico — dependem para o seu dimensionamento adequado dessa definição de densidade máxima a ser atingida. Quando públicos, dependerão de um planejamento que estude essa densidade de saturação do tecido urbano, e, quando privados, levarão em conta essa densidade de saturação em uma pesquisa de mercado.

Assim, ao analisar as transformações pelas quais estão passando as tipologias de tecido urbano existentes, avalie, em função do estilo de vida na cidade de sua preferência, o que deve ser obtido pelo zoneamento definidor da tipologia legal a ser instituída.

Capítulo 27
QUESTÕES-CHAVE RESULTANTES
A SEREM EQUACIONADAS
NOS PLANOS REGIONAIS

Quanto à qualidade de vida, no que se refere a moradia:
Verificar se você, que mora em uma das diferentes tipologias
existentes de tecido urbano, está satisfeito, destacando três casos:
1) Tipologias relativamente estáveis, destacando que as *tipologias de traçado urbano são muito mais estáveis do que as tipologias de edifícios*, pois só são alteráveis usualmente por intervenções urbanas públicas. As tipologias arquitetônicas são relativamente estáveis nas décadas iniciais de implantação de um bairro e após sua consolidação. Nesse último caso, em geral, só intervenções públicas de investimento e ou de regulação urbanística, especialmente as mudanças de zoneamento, alteram a tipologia arquitetônica ou edilícia preexistente estabilizada. As mudanças no zoneamento podem ser casuísticas ou isoladas, e portanto não planejadas, fruto da pressão de especuladores imobiliários, ou então resultado de operações urbanas, isto é, áreas replanejadas, desde que essas alterações sejam absorvidas e praticadas pelo mercado imobiliário.

2) Tipologias em processo de transformação, seja por intervenções públicas diretas (como nas operações urbanas) ou indiretas (como resultante da implantação de uma avenida, estação de metrô ou de corredores de tráfego, por exemplo), ou seja, como resultado da operação do mercado imobiliário em dada região (como parte de Campo Limpo, que está se "transformando" em Morumbi, ou como já está ocorrendo com o entorno da estação de metrô Capão Redondo, mesmo antes da inauguração da linha que o liga a Santo Amaro, no Largo Treze). Essa transformação pode ser ascendente ou descendente com relação ao nível

social dos moradores e usuários, que entram ou que saem. No geral, entram os de maior e saem os de menor renda, expulsos pela incapacidade de pagar os novos preços imobiliários.

3) Tipologias em processo de transformação em razão da escolha gradativa de um determinado bairro horizontal, constituído basicamente por casas, no qual o "pipocar de prédios" pode estar no seu início, meio ou fim.

No início de uma mudança do tecido urbano, são poucos os terrenos verticalizados, e no fim, teremos cerca de 70% deles. É muito difícil atingir-se a marca dos 100% de verticalização, porque o adensamento de moradias é feito usualmente pelas classes médias e estas criam um mercado consumidor no seu entorno *que atrai atividades de comércio e serviços locais e também diversificados*. Esses comerciantes e prestadores de serviços, por sua vez, tendem a ocupar as casas remanescentes, pagando aos proprietários desses imóveis um preço que é uma renda fundiária, na forma de aluguel, ou comprando o imóvel. Eles são os "fazedores dos pontos comerciais e de serviço" cobrando muitas vezes um preço pelo ponto que criaram ou desenvolveram. É o que se chama de "luvas". Por isso, os incorporadores imobiliários podem se desinteressar de aí levantarem suas torres de apartamentos ou escritórios, pois o acesso ao lote custaria muito caro já que teriam que pagar as ditas "luvas", além do preço do imóvel. O resultado será uma paisagem heterogênea com um certo número minoritário de casas transformadas para o comércio e serviços, algumas poucas mantidas como moradia e uma grande maioria de prédios de apartamentos. Isso já ocorreu de modo claro em Moema, Cerqueira César, Higienópolis e no Tatuapé, está em processo em Perdizes e começando na Pompeia.

Tal exame será feito *comparando as tipologias existentes de um tecido urbano, as reais, face as tipologias previstas pela legislação vigente*, observando os casos legais e ilegais de uso do solo. Para você saber em que zona está a sua moradia, quais são as zonas vigentes em seu bairro, aconselho consultar um guia da cidade que contenha a Lei de Zoneamento com texto e com mapa, como, por exemplo, o guia da Mapograf ou o da Geomapas. A prefeitura deveria ter um *site* com essas informações, mas, que eu saiba, não o possui. Por essa comparação, será possível perceber em que direção caminha o bairro, se foi ou não obedecida a legislação vigente e se essa direção é boa ou má, na avaliação dos moradores e proprietários.

Esse exame levará em conta não apenas as tipologias dos edifícios em seus lotes, mas também a tipologia desses lotes e das quadras onde estão inseridos, o traçado viário e ainda o traçado, se houver, do sistema de áreas verdes ao longo do sistema viário, assim como o traçado de praças e parques.

Atenção especial será dada ao uso do solo no espaço viário e sua relação com os edifícios a ele lindeiros. Assim deveriam ser examinadas as calçadas, pavimentadas ou verdes, com ou sem arborização da rua, os recuos das edificações, a presença ou não de estacionamentos no meio-fio e nos eventuais recuos frontais ou laterais das edificações etc. Essa questão é muito importante dada a exiguidade estrutural do sistema viário para atender a crescente demanda por uso de veículos, destacadamente o automóvel de uso privado.

Ao se examinar a tipologia real do tecido urbano, colocar-se-á como um objetivo a ser debatido a possibilidade de restituir o espaço viário também ao pedestre, tornando-o não apenas um local de passagem de veículos mas também de convívio urbano. As amenidades e adversidades presentes no espaço público e na paisagem das ruas serão levantadas e avaliadas, verificando as possibilidades de redução dos vários tipos de adversidade, especialmente da poluição. Destaca-se a poluição resultante de excesso de veículos, produzindo um estresse ambiental percebido como muito calor, muitos gases, muito ruído, risco de atropelamento, calçadas estreitas sem verde, comércio dificultando ou até impedindo arborização porque quer visibilidade máxima etc.

Há ainda uma tendência em curso e apoiada pelo poder público, na medida em que este, especialmente através da CET (Com-

panhia de Engenharia de Tráfego), entendendo que o seu papel é fazer fluir o trânsito por qualquer via disponível, supostamente atendendo a uma demanda social, deixa de respeitar o conceito de via local, tranquila, de moradia, fazendo com que aos poucos todas as vias tendam a se transformar em corredores de tráfego. Caso essa tendência se estenda por toda a cidade, assistiremos às funestas consequências para aqueles que precisam dessa qualidade ambiental, e suponho que seja a maioria! *E esta é uma questão a ser democraticamente debatida com você, cidadão,* organizado em entidades que o representem, para que se possa tirar isso a limpo.

Os planos de bairro são uma ótima oportunidade para, organizadamente, esclarecer quais são as posições da maioria dos cidadãos em cada bairro da cidade e, especialmente se você estiver de acordo com um objetivo de tranquilização do bairro, optar por algum tipo de unidade ambiental de moradia e por um zoneamento coerente com esse objetivo, por exemplo "congelando" a situação existente. É o que ouço, há muitos anos, da Associação dos Amigos de Moema (AMAM), que quer impedir que novos prédios sejam ali erguidos. O que é um objetivo perfeitamente válido e justo.

Capítulo 28
AS TIPOLOGIAS DE TECIDO URBANO, AS CENTRALIDADES URBANAS E A LÓGICA DA CIRCULAÇÃO

Atenção especial será dada às centralidades urbanas. Estas devem ser equacionadas como participando de um sistema de oferta de serviços e de comércio com diversas frequências de demanda, desde a frequência diária até a muito ocasional. Essas centralidades também dependem do sistema de mobilidade dominante, se público ou privado, especialmente se de transporte público (estes dependendo basicamente de sua organização ser linear ou em malha). Dessa forma, as centralidades tendem a se ordenar diferentemente no espaço da cidade, em função da frequência de demanda por comércio e serviços e do sistema de mobilidade em uso.

Nesse sentido, estamos assistindo à gradativa substituição do transporte público coletivo, que, não sendo em malha (salvo em regiões específicas, como a do Centro Histórico), organizou de forma linear o comércio e serviço no passado. *Tal organização ainda persiste, mas está sendo rapidamente substituída por uma organização dispersa, promovida pelo uso cada vez mais intenso dos automóveis.* Por um lado, em pequenos e médios estabelecimentos, adaptando para o seu uso o tecido urbano residencial preexistente, e por outro, se organizando em centros de compras (como os *shoppings*), com oferta de estacionamentos, introduzindo cada vez mais o estacionamento pago, elitizando sua clientela e evitando o caronista de estacionamento.

Tomar partido nessa disputa significa debater a prioridade do transporte coletivo a ser organizado: 1) de modo linear (ao longo das vias); 2) em malha de vias; 3) em polos estelares surgidos de cruzamentos viários; ou 4) junto a terminais de transporte e estações de transbordo (ver os esquemas representativos dessas quatro modalidades de organização das tipologias de tecido urbano de áreas centrais nos Desenhos 37 a 40 e nos Desenhos 24 a 27).

Caso efetivamente tal prioridade do transporte coletivo não seja colocada em prática, continuaremos com o processo de dispersão dos usos de comércio e serviços produzidos pelo crescente uso do automóvel, tendendo assim a utilizar todo o sistema viário disponível e, no limite, eliminando todas as ruas tranquilas, salvo apenas as "ruas sem saída" (ver Desenhos 28 e 29).

No entanto, ao invés de com isso resolver o problema, produziremos um congestionamento crescente, pela impossibilidade, dado o altíssimo custo (muito maior que o do metrô, o qual, mesmo quando subterrâneo, pode custar cerca de quatro vezes o de superfície) de ofertarmos um sistema viário na proporção da demanda que vem ocorrendo.

Cálculos que fiz mostram que, para não piorar a situação, teríamos que construir três avenidas Faria Lima por ano, com 8 km de extensão cada uma! Uma completa impossibilidade financeira e social. Isso já vem ocorrendo ao longo de muitos anos, e está produzindo, como todos os dias percebemos, enormes deseconomias traduzidas nos recordes crescentes a cada semestre de quilômetros de vias congestionadas.

Estaremos, assim, colocando em debate as prioridades definidas no Plano Diretor para o transporte coletivo em termos de organização urbana local, mostrando claramente os vínculos entre diretrizes de estrutura urbana para o município como um todo e as diretrizes de estrutura urbana ao nível do Plano Regional de cada subprefeitura e, no interior deste, dos tecidos urbanos dos bairros, correlatos e coerentes com a lógica dos sistemas de circulação que produzem ou pressupõem diferentes tipos de mobilidade.

Se não fizermos claramente essa discussão, o conjunto dos cidadãos continuará sua opção preferencial por veículos de transporte público menores, que no caso dos ônibus será por micro--ônibus e peruas, que podem oferecer mais conforto, mas ao custo de uma utilização pior do exíguo sistema viário, e, no caso dos automóveis, por uma opção por veículos que sejam do maior tamanho possível, só limitado pelo poder aquisitivo do cidadão, em contradição com as diretrizes favoráveis ao transporte coletivo corretas do novo Plano Diretor, confrontando-as e, a médio prazo, anulando-as.

Desse modo, torna-se importante avaliar a real capacidade de suporte do sistema de circulação que teremos com o acréscimo de sua oferta já prevista no Plano Diretor e a verificação se esse acréscimo é suficiente. É de se notar que a oferta prevista é muito modesta. Quanto a linhas de metrô, só duas estão definidas: a linha 4 (Vila Sônia-República), e a linha 5 (Largo Treze--Vila Mariana, continuando a que vem do Capão Redondo, recentemente inaugurada); o que não resolverá significativamente os problemas que estamos enfrentando. Isso é especialmente preocupante dadas as mesmas diretrizes de adensamento de atividades urbanas do Plano, como, por exemplo, a passagem do coeficiente de aproveitamento, que era igual a 2 em 50% da cidade, nas atuais Z2, para 2,5, produzindo um aumento de 25%, já posto em prática pelo Plano Diretor, *coeficiente aprovado sem nenhum cálculo prévio de capacidade de suporte*. E se for transformada mediante lei específica a diretriz de adensamento ao longo das linhas de transporte coletivo de massa e das vias estruturais, com 300 metros de largura para cada lado da linha, constituindo as Áreas de Intervenção Urbana, assim como nas áreas definidas como Operações Urbanas, e ainda ao longo dos eixos e polos de centralidade, e ainda mais nos Projetos Estratégicos, onde todas essas áreas passarão a poder ter coeficiente igual ao máximo, que é 4, podemos imaginar logo qual será o resultado! *A soma desses aumentos triplica a atual oferta de potencial construtivo da cidade sem que se proponha triplicar a oferta de capacidade de circulação, o que, por sinal, não resolveria nada em relação à situação congestionada atual, pois não só manteria o desequilíbrio existente como o ampliaria, e muito.*

Essa diretriz, que multiplica o potencial construtivo por três, é exageradamente ambiciosa, enquanto a ampliação do sistema de circulação é muito modesta, para não dizer medíocre, constituindo por isso um agravamento do desequilíbrio gigantesco que já ocorre hoje entre demanda por circulação e oferta de capacidade, traduzindo-se esse desequilíbrio no estresse crescente econômico, social e ambiental sofrido todos os dias por todos nós.

Essa correção de números é o que se espera que seja realizado no Plano de Transporte articulando os Planos de Habitação e ao de Zoneamento, exigidos pelo Plano Diretor para ficarem prontos até 30 de abril de 2003.

Desenho 42
O (mau) exemplo da Vila Funchal/Vila Olímpia,
como parte da Operação Urbana Faria Lima.

Vejam o que acontece quando o zoneamento não decorre de um cálculo da capacidade de suporte! Nem calçadas para pedestres que sejam minimamente suficientes existem! O recurso ao helicóptero é para poucos!

Caso esse cálculo não seja realizado de modo tecnicamente suficiente, estaremos incidindo em grave erro ao consolidarmos e até ampliarmos as mudanças do zoneamento sem garantias de capacidade de suporte, como já está ocorrendo, o que produzirá um sufocamento ainda maior do que o existente da vida social e econômica da cidade, ampliando os índices de violência urbana, que já estão atingindo em determinadas áreas níveis insuportáveis, além das deseconomias que tiram competitividade das empresas aqui instaladas, o que resultará não só em não crescimento da oferta de empregos, e sim até em sua provável redução.

Assim, *um suposto incentivo dado à construção civil ao produzir um adensamento acima da capacidade de suporte infraestrutural, na verdade, está e continuará a estar estrangulando a vida econômica e social, pelos congestionamentos crescentes que estará produzindo.* O adequado é construir edifícios adensadores de demanda onde tal capacidade já existe ou pode ser produzida com os recursos disponíveis ou altamente prováveis de serem obtidos.

Equacionar essa questão que envolve custos alternativos de urbanização que dependem das alternativas a serem montadas de estruturação e de tecidos urbanos com ela coerentes, é um desafio que ficou para o segundo tempo do Plano Diretor, a ser elaborado até 30 de abril de 2003.

Assim, esse cálculo é orientador das escolhas de tecido urbano e sua estrutura de serviços de suporte de água, esgoto, luz e telefone a serem realizadas a nível local. Os Planos Regionais deverão receber os resultados desses cálculos e, a partir deles, poderão distribuir em seu território o potencial construtivo passível de ser adicionado ao estoque existente, sem produzir desequilíbrios urbanos maiores que os já existentes e, pelo contrário, visando corrigi-los.

Capítulo 29

COMO OS TIPOS ESQUEMÁTICOS DE TECIDO URBANO SE TRANSFORMAM NOS TORTUOSOS E COMPLICADOS TECIDOS REAIS DA CIDADE

Mostramos inicialmente os tecidos básicos 1, 2, 3 e 4, como se combinam na estrutura urbana de centralidades nos desenhos de um modo bastante abstrato, porque os esquemas apresentados pressupõem um território plano sem estrutura hidrográfica de rios e córregos e represas. Em seguida, reduzimos o grau de abstração introduzindo a lógica de formação dos corredores e de polos de centralidade.

Historicamente, os caminhos que orientaram a estruturação do território, segundo a tradição portuguesa, seguiram muito de perto os acidentes geográficos, respeitando-os e deles tirando proveito, ao reduzir declividades dos caminhos, procurando a ascensão ou descenso sempre mais suaves, o que resultava em sinuosas diretrizes de caminhos e trilhas e buscando escapar ao máximo das inundações e da necessidade de construção de pontes.

É perceptível ainda hoje no traçado viário básico das cidades brasileiras a lógica topográfica desses caminhos regionais. Vejam o traçado de Olinda, do Centro Histórico de São Paulo ou do centro dos bairros de Pinheiros e Santo Amaro.

Os traçados retilíneos em quadras surgiram muito depois, especialmente a partir do final do século XVIII, com o marquês de Pombal, líder iluminista português, traçando diretrizes para a fundação e desenvolvimento de cidades como Campinas.

Olhando dessa maneira para uma planta da cidade de São Paulo, ampliando e aprofundando o olhar para a região da sua subprefeitura e dando um close *sobre o seu bairro, pode-se perceber a repetição dessa mesma lógica desde a escala metropolitana até a do bairro.*

Candido Malta Campos Filho

O tecido urbano paulistano é uma colcha de retalhos. É isso o que vemos. Mas estamos entendendo que essa colcha não foi produzida ao acaso. É o resultado da lógica estruturadora do *espaço* produzida pelas mudanças históricas na oferta de acessibilidade a partir dos caminhos, inclusive os de ferro (ferrovias), dependendo da evolução das tecnologias de transporte de bens e pessoas, que se fez em correspondência à realidade topográfica condicionadora das escolhas das posições dos caminhos, evitando várzeas, preferindo espigões, isto é, lugares secos.

A permanência histórica das diretrizes desses caminhos decorre dos interesses locais que vão se acumulando e se sucedendo no tempo, sobre o espaço, a cada geração, com nascimento, apogeu e eventual decadência de uma localidade. Essa evolução positiva ou negativa se dá em função da qualidade da acessibilidade e do jogo entre o mercado imobiliário e o papel do poder público em sua estruturação, via investimentos na forma de serviços infraestruturais (circulação, energia elétrica, saneamento básico) e sociais (saúde, educação, cultura e lazer), e via regulação do mercado imobiliário pelas leis urbanísticas e fiscais.

A tortuosidade do sistema viário básico decorre dessa lógica histórica, e a descontinuidade dos tecidos urbanos é a regra. *Mas, ao invés de se querer conectar todas as vias entre si, vejo essa descontinuidade mais como uma oportunidade de criarmos "ilhas de tranquilidade", que naturalmente já existem devido a essa mesma descontinuidade.*

Tirar partido desse "defeito" no nível abstrato, transformando-o na qualidade resultante de menos tráfego é, a meu ver, uma postura inteligente. É claro que a redução da oferta de espaço viário para os automóveis andarem significa, especialmente nos bairros mais centrais, dar preferência em nosso deslocamento viário a algum tipo de transporte coletivo. Essa é a lógica que vimos sempre defendendo, para melhorar ou não deixar piorar a nossa qualidade de vida. É o que já analisamos ao mencionarmos a lógica da formação dos loteamentos em nosso livro *Cidades brasileiras, seu controle ou o caos.*

Inicialmente, no nível mais abstrato, mostramos, no Desenho 43, um tecido urbano formado por centralidades variadas.

Desenho 43
Tecido urbano com centralidades variadas
de acessibilidade diferenciada.

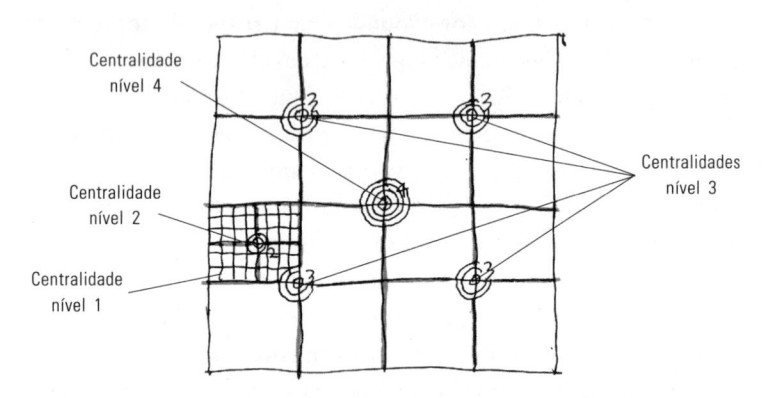

Esquema simplificado com os tipos de tecido urbano e a lógica de formação de uma hierarquia de 4 níveis de centralidades de acessibilidade variada referidos a esses tipos de tecido.

O nosso exemplo, que corresponde a uma cidade com cerca de 500 mil habitantes, é o de um tecido organizado por quatro níveis de centralidade. O nível 1 é o mais local, de frequência basicamente diária ou semanal, da farmácia, quitanda e pequeno supermercado. Depois, temos os de nível 2, já mais diversificado, de frequência menor, talvez mensal. Em seguida, temos o mais diversificado, de nível 3.

E finalmente o de nível 4. A metrópole de São Paulo tem pelo menos de 6 níveis. Uma cidade do interior com 20 a 30 mil habitantes terá dois níveis, 1 e 2. Os níveis 3 e 4, por exemplo, estarão em cidades vizinhas maiores. O 5, só em metrópoles regionais. O nível 6 só em São Paulo. Assim, todos os níveis, de 1 a 6, só estão contíguos nessa gigantesca metrópole que é São Paulo ou em metrópoles de igual porte. Na estrutura de rede de cidades do

Candido Malta Campos Filho

interior do estado, esses níveis de centralidade estão dispersos por diversas cidades próximas entre si.

Essa hierarquização dos lugares centrais foi estudada por um geógrafo alemão chamado Walter Christaller, em estudo considerado até hoje um clássico da geografia urbana, a *Teoria básica dos lugares centrais*. Essa lógica das centralidades em sua distribuição territorial vem sofrendo transformações para as quais devemos estar muito atentos.

No Desenho 43, quisemos mostrar a hierarquia de centros como se distribuem no território que corresponde a cada nível, que é um território de polarização. Quando sobe o nível da centralidade na hierarquia, aumenta o território de sua abrangência.

A lógica dessa ampliação do território decorre da redução da frequência de uso do comércio e serviços, conforme se torna mais especializado, sempre buscando garantir um nível de demanda que justifique economicamente a sua existência, seja ela serviço público — regulação essa a ser garantida pelo planejamento adequado — seja ele oferecido pela iniciativa privada, cuja demanda é, em geral, regulada pelo próprio mercado.

Quanto mais especializado for o comércio e o serviço, menos vezes precisamos deles durante nossa vida. Essa *frequência da demanda* define a sua posição na hierarquia de centralidades. Quanto maior a frequência da demanda, menor será o nível de centralidade. O nível local, de apoio a moradia, no dia a dia, é o nível mais baixo, o nível 1. Por isso, o nível 1 é o de menor território de abrangência e o nível 4 no Desenho 43 é o de maior território de atuação. Os outros logicamente estão em nível intermediário de abrangência do território.

No Desenho 44 quisemos representar o que ocorre com uma homogeneidade quanto à oferta da acessibilidade de alta densidade de demanda. Tal intensidade de alta demografia, que ocorre nas áreas centrais das metrópoles, vai garantir uma tal demanda de comércio e serviços que vai possibilitar, naquela área (e não em toda a conurbação ou área urbana do conjunto metropolitano), uma distribuição homogênea de centralidades de nível muito alto. É o que se quer mostrar com as centralidades de nível 4 espalhadas por igual no Desenho 44.

Desenho 44
Tecido urbano com acessibilidade homogênea.

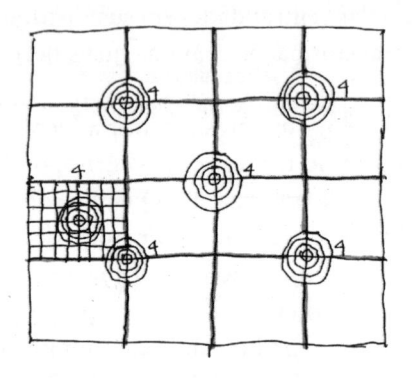

Desenho 45
Tecido urbano denso com acessibilidade homogênea
e mesclagem de comércio e serviços.

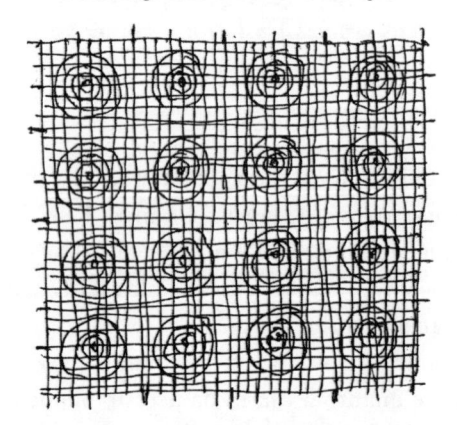

Tecido urbano com dispersão homogênea das moradias e das centralidades, coerente com acessibilidade homogênea. Tecido típico de altas densidades demográficas com base em malha de metrô (como é o caso, por exemplo, do Centro Histórico da cidade de Paris).

Candido Malta Campos Filho

Algo análogo, porém não igual, ocorre em cidades norte-americanas como Los Angeles e Houston. Lá, grandes extensões de áreas de moradia encontram centralidades de comércio e serviços igualmente distribuídas em tecidos mais densos (ver Desenho 45), e menos densos (ver Desenho 46). Nesse último caso, comércio e serviços se concentram nas encruzilhadas das vias expressas, como *shopping centers*.

Desenho 46
Tecido urbano disperso com acessibilidade homogênea
e concentração polar de comércio e serviços.

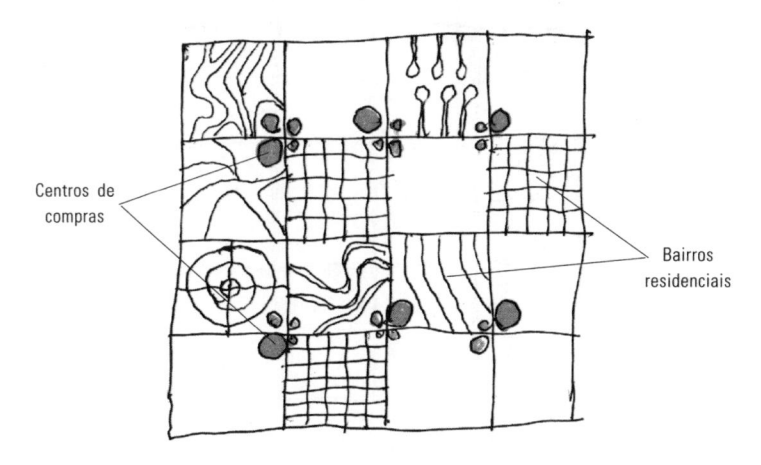

Centros de compras

Bairros residenciais

Nesse exemplo ocorre uma dispersão homogênea das moradias em áreas estritamente residenciais, com concentração do comércio e serviços em centros de compras nos cruzamentos das vias de interligação.

É um tecido urbano típico de baixas densidades demográficas com base no automóvel (como, por exemplo, na cidade de Los Angeles, na Califórnia, e nos subúrbios americanos em geral).

Introduzimos em seguida, como dissemos, um outro conjunto de desenhos que combina o esquema de hierarquização dos lugares centrais com os conceitos de tecido urbano básicos de tipo 1, 2, 3 e 4 já antes apresentados (ver Desenhos 24 a 27). O que resulta são os Desenhos 47 a 52.

Neles mostramos de que modo, já mais completo, as centralidades vão crescendo em nível na hierarquia dos lugares centrais, na medida do aumento da densidade da demanda.

Desenho 47
A estruturação do tecido urbano paulistano
e os quatro níveis de centralidade.

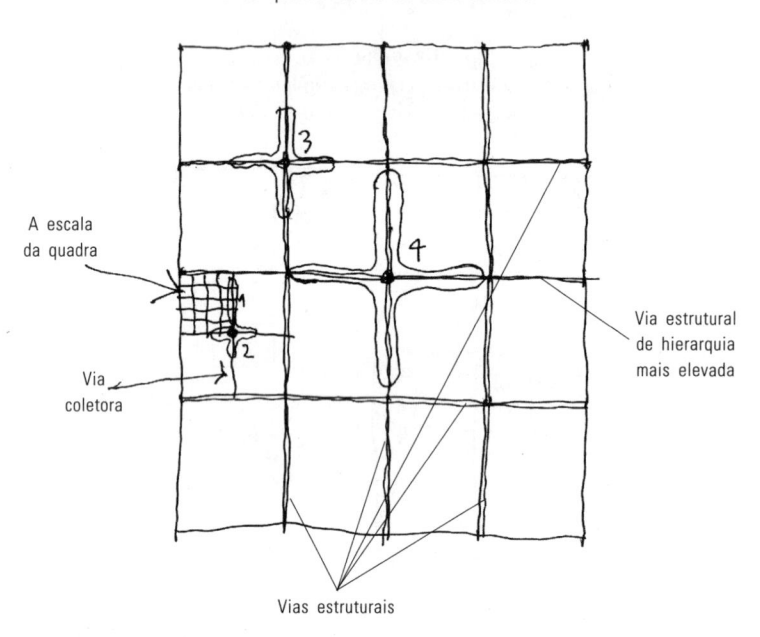

A escala
da quadra

Via
coletora

Via estrutural
de hierarquia
mais elevada

Vias estruturais

A estruturação do tecido urbano paulistano e a formação de centralidades é exemplificada com os tecidos básicos 1, 2, 3 e 4, que correspondem aos níveis de centralidade 1, 2, 3 e 4, respectivamente (com exceção do tecido urbano básico do tipo 3, que pode não corresponder necessariamente à centralidade de nível 3).

Um tecido urbano com Z2 como zona de fundo, onde o mercado imobiliário define a localização do comércio e serviços desde o nascimento do bairro até a sua consolidação horizontal, processo esse que toma de duas a quatro décadas para ocorrer, pode apresentar, no que se refere aos quatro níveis de centralidade exemplificados no desenho, as seguintes configurações:

1) nível local; 2) nível diversificado 1 (ou nível local no caso de Z1 ou ZER); 3) nível diversificado 2; e 4) nível diversificado 3.

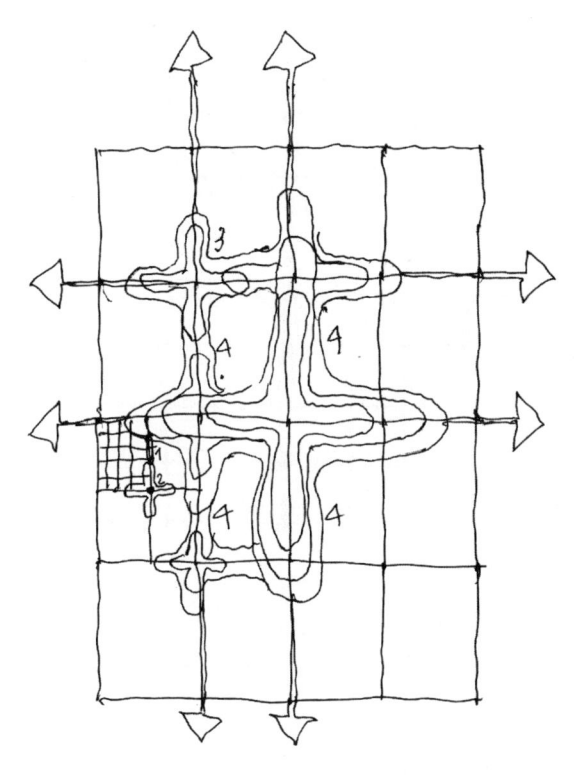

Conforme se intensifica o tráfego das vias, com aumento da potencial clientela, os níveis hierárquicos mais altos de centralidade vão ocupando mais espaços, seguindo esse aumento do tráfego de veículos, e vão engolindo as centralidades de nível mais baixo e, muitas vezes, expulsando os usos a elas referentes, que não conseguem pagar o preço de localização mais caro.

Transformam-se os tecidos 1 em 2, o 2 em 4 e o 3, por invasão e deturpação do inicialmente planejado, em 1, 2 e finalmente em tipo 4. O entrelaçamento das centralidades vai ocorrendo, mas a lógica básica é sempre a mesma. O aumento da demanda vai assim conduzindo o processo de alteração dos "pontos" de comércio e serviços.

Desenho 49

Processo de intensificação do tráfego
e alteração do tecido urbano.

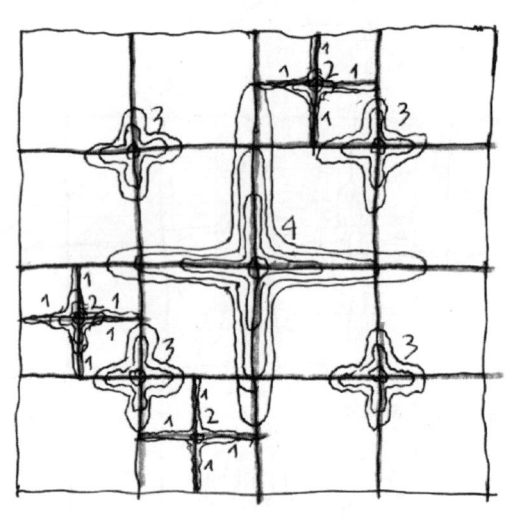

Desenho 50

Sequência do processo de intensificação do tráfego
e alteração do tecido urbano.

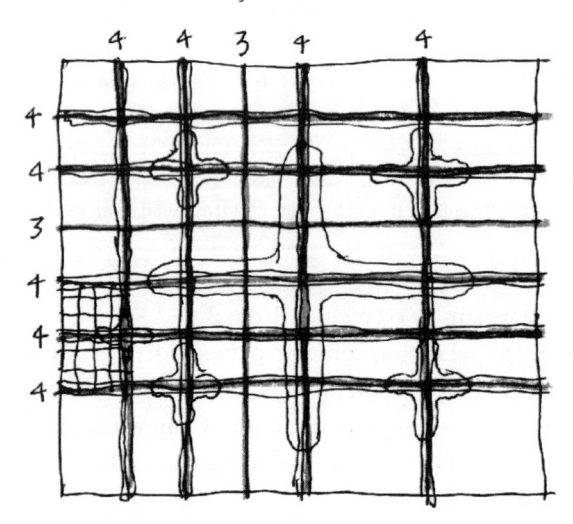

Candido Malta Campos Filho

Desenho 51
Entrelaçamento de tecidos urbanos em um bairro
não central com três níveis de centralidade.

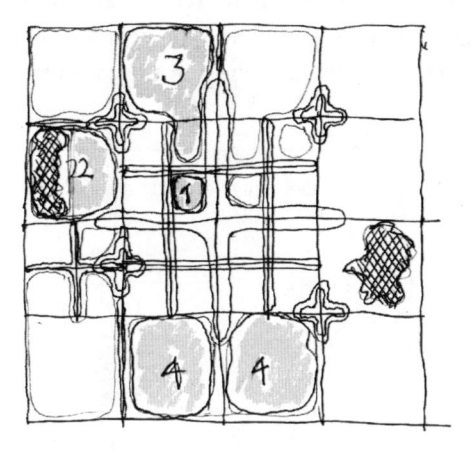

Na realidade de uma cidade, os tecidos básicos 1, 2, 3 e 4 se combinam e se entrelaçam. Os bolsões de tranquilidade estão destacados em cinza claro.

Desenho 52
Entrelaçamento de tecidos urbanos em um bairro central
onde a centralidade de nível 3 se estende por vários quarteirões.

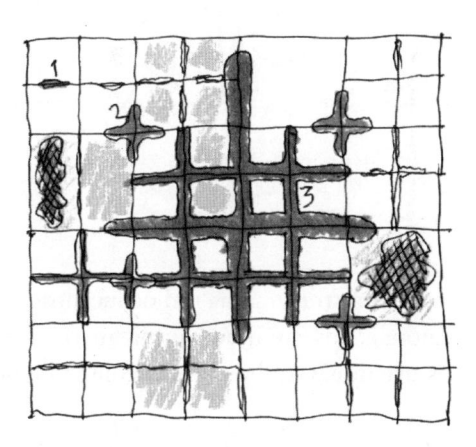

Os possíveis bolsões de tranquilidade estão destacados em cinza claro.

Reinvente seu bairro

O Desenho 53 resume os tipos de tecido no nível do bairro que vão se combinando entre si, se assemelhando a uma colcha de retalhos. Eles vão se alterar no tempo, ao sabor do mercado imobiliário, ou de modo conduzido inteligentemente por um planejamento em que o cidadão deve ser a peça central.

Desenho 53
Os diferentes tipos de tecido urbano.

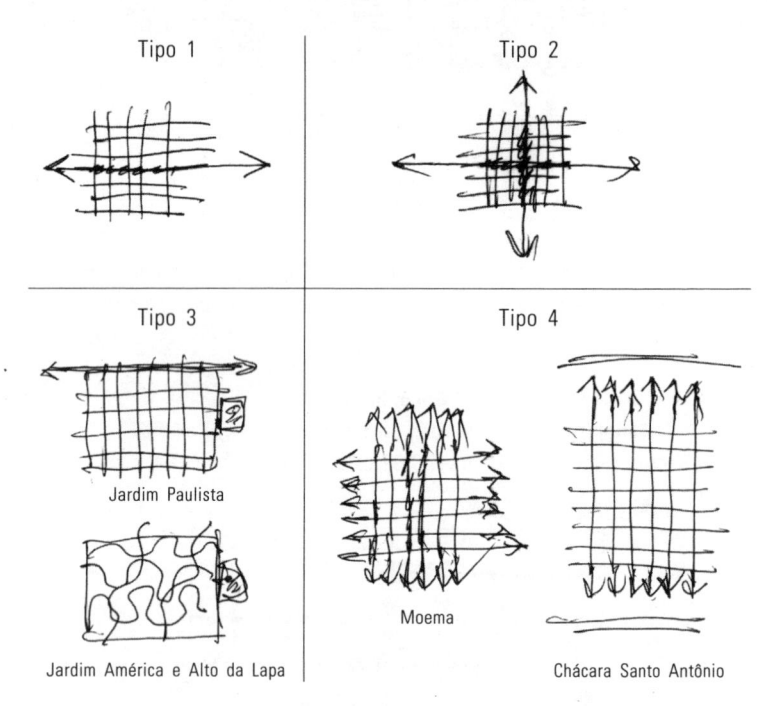

O Desenho 54 mostra a malha radioconcêntrica com origem nas ligações regionais dos caminhos que ligam o núcleo histórico com os núcleos urbanos vizinhos, aí já acompanhando a lógica topográfica.

Os anéis viários são uma tentativa de melhor resolver os estrangulamentos centrais em cada etapa histórica do crescimen-

Desenho 54
O desenvolvimento da malha viária.

Via expressa ou avenida radial

Anel viário

A malha viária sendo desenvolvida em nível local, aos poucos vai formando uma malha maior deformada pelas avenidas radiais concêntricas e os anéis (ou vias expressas, como são os trechos de nossas rodovias adentrando o espaço urbano da metrópole, como a Castello Branco, a Anhanguera, a Anchieta, a Ayrton Senna, a Raposo Tavares, a Régis Bittencourt etc.). E os anéis são os urbanos existentes desde o anel de irradiação central, o minianel viário constituído pelas marginais Tietê, Pinheiros, e avenidas Bandeirantes e Salim Maluf, e agora o mais amplo, o Rodoanel Mario Covas.

to urbano. É possível e desejável escapar da lógica radioconcêntrica. É o que propôs o famoso *Relatório Buchanan*, dirigido por urbanista inglês Colin Buchanan por volta de 1960, até hoje considerada a mais completa análise da questão da circulação em suas relações com o sistema de qualidade ambiental urbana, *onde se propôs os "precinct", que é o equivalente às nossas unidades ambientais de moradia.*

Bairros planejados tentam fugir a essa lógica, buscando certa autonomia. Mas essa busca de autonomia mediocriza a qualida-

de do lugar central que a serve. É um preço a pagar, se essa for a opção de vida que se deseja ter. Resulta em uma relativa provincianização da vida urbana. Esta é uma discussão que não podemos aqui aprofundar, por falta de espaço e tempo. Mas é muito importante que seja feita, aprofundando os conceitos de graus de ruralidade ou de ambiente campestre *versus* graus de urbanidade ou ambiente construído na ordenação dos tecidos urbanos.

Os moradores do tecido urbano dos subúrbios norte-americanos fizeram no passado essa opção e muitos deles agora estão arrependidos, e tentam reverter essa situação através do que estão chamando de "New Urbanisme".

Desenho 55
Exemplo de bairro planejado
como os subúrbios norte-americanos.

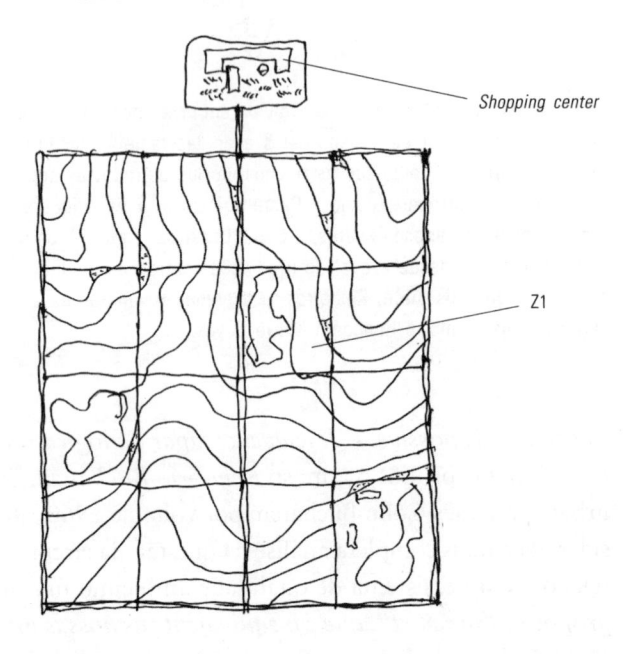

Shopping center

Z1

Tecido urbano típico de um subúrbio norte-americano: uma grande Z1 com *shopping center* acessado por automóvel. Tipologia que corresponde aproximadamente ao conceito de Alphaville, Tamboré e Aldeia da Serra.

Candido Malta Campos Filho

No Desenho 56, retomamos a lógica formativa de *bairros não planejados, a serem, se assim quiserem seus moradores, "domesticados" em seus excessos, com uma regulação urbanística acompanhada de um planejamento (Plano Diretor) definidor, no qual o poder público deve localizar suas intervenções,* sejam elas urbanísticas ou de serviços urbanos oferecidos.

Nesse Desenho 56, enfatizamos a lógica concentradora do comércio, dos serviços e possivelmente da habitação, decorrente da maior acessibilidade oferecida em determinada via por linha de transporte coletivo.

Desenho 56
Bairros não planejados nascendo
segundo a lógica do sistema de acesso.

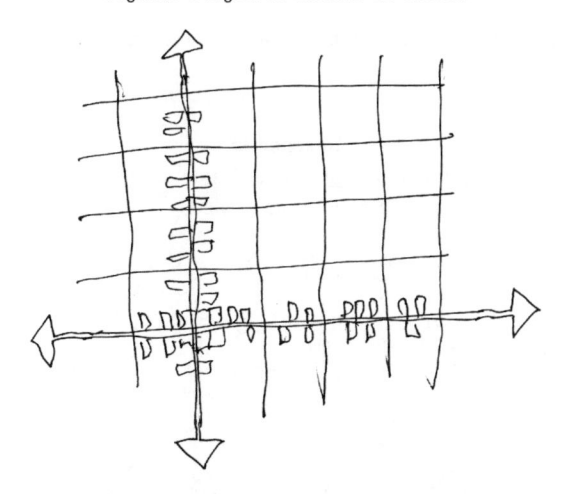

A lógica concentradora do transporte coletivo: formação de corredores de comércio e serviços nas vias de maior tráfego servidas por ele (constituindo centralidades lineares).

No Desenho 57, enfatizamos a dispersão provocada pelo uso mais intenso do automóvel, que vai oferecendo uma acessibilidade multidirecional, aqui com acentuada hierarquia viária, que segura um pouco esse processo. Corresponde à Situação A.

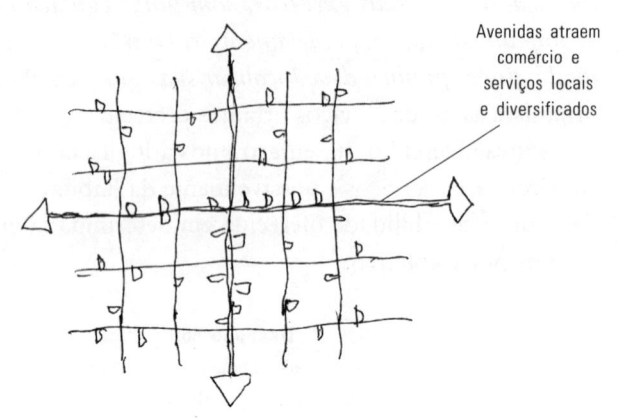

Desenho 57
Situação A: a lógica dispersiva do automóvel, ainda com acentuada hierarquia viária.

Avenidas atraem comércio e serviços locais e diversificados

A lógica dispersiva do automóvel será tão maior quanto menor for a hierarquia viária.

Desenho 58
Situação B: a lógica dispersiva do automóvel, já sem hierarquia viária.

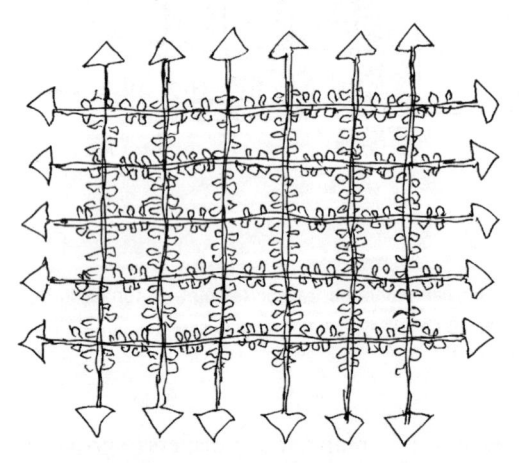

O volume dos automóveis ficou tão grande que todas as vias passam ter a mesma função interligadora de bairros, independentemente da hierarquia física das mesmas, e assim as ruas e avenidas passam a ter o mesmo papel.

Candido Malta Campos Filho

Finalmente, no *Desenho 58, vemos a lógica dispersiva do automóvel atingindo a sua máxima intensidade.* Corresponde à Situação B.

No Desenho 59, mostramos a área do Centro Expandido da metrópole paulistana onde esse processo de dispersão já atua com grande intensidade, como nos Jardins, Perdizes, Moema e agora na Vila Olímpia.

Desenho 59
A situação na área do Centro Expandido de São Paulo.

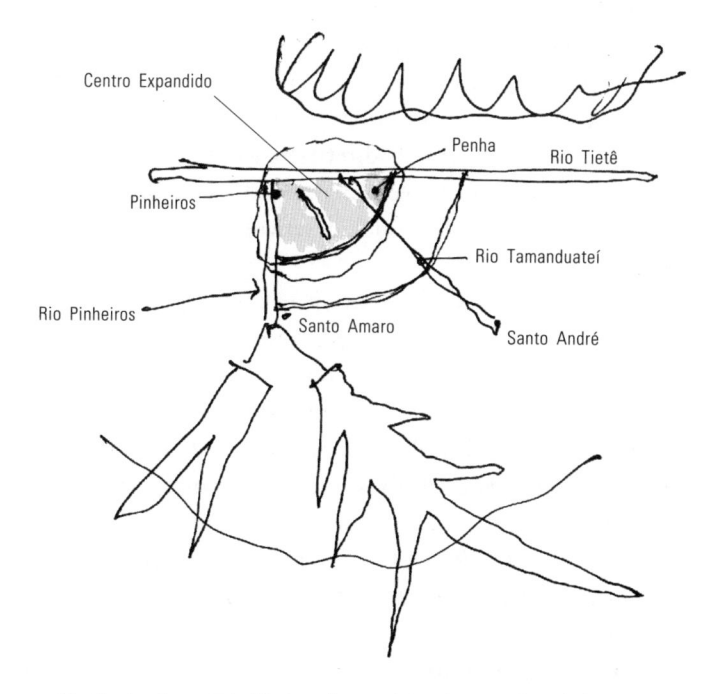

No Centro Expandido (destacado em cinza claro no desenho), a atuação dos automóveis já está muito intensa em sua ação dispersora, o que obriga a adotarmos rapidamente um sistema de transporte coletivo de mobilidade multidirecional igual ao do automóvel: uma malha cerrada de micro-ônibus, seguida no tempo de uma malha cerrada de metrô, na medida em que a primeira não for mais suficiente enquanto capacidade de suporte, mesmo atuando conjugadamente com os demais sistemas de transporte.

Capítulo 30
AS TIPOLOGIAS DE TECIDO URBANO COMO ORGANIZAÇÕES DO ESPAÇO DA CIDADE QUE DEVERÃO CONSTAR DA LEI DE ZONEAMENTO REVISADA

No que se refere às tipologias de tecido urbano desejáveis a constarem de um leque de ofertas (um cardápio de possibilidades de tipos de zonas), elas deverão ser definidas a partir de três matrizes: a primeira, as diretrizes definidas no Plano Diretor; a segunda, diretrizes que possam advir do Plano Regional pensado em seu conjunto; a terceira, as diretrizes decorrentes dos Planos de Bairro, dos bairros que tiveram a possibilidade de, até a data do fechamento do Plano Regional, desenvolver as suas definições tipológicas.

Obviamente, não se poderá pôr de lado a gigantesca experiência de 30 anos de definição e aplicação das tipologias de Zoneamento que corresponderam a demandas efetivas da sociedade e que, portanto, não foram aleatoriamente estabelecidas. Devemos analisá-las verificando a que interesses da sociedade correspondem, se a interesses que buscam produzir um espaço urbano cada vez mais qualificado, ou se a interesses que visam o ganho especulativo, *afrontando o Estatuto da Cidade e, portanto, não mais condizentes com o mesmo, e por isso sendo necessária a sua substituição.*

Ainda é muito importante debater os parâmetros urbanísticos da legislação em vigor e da que deverá substituí-la, verificando se os níveis de exigência dos mesmos correspondem a aspirações da comunidade aos quais se dirigem e as possibilidades econômicas da comunidade e do mercado imobiliário de atendê-las. *A desobediência sistemática da legislação deverá ser debatida tendo em vista verificar se correspondem a necessidades sociais pre-*

*mentes ou a simples busca de ganho especulativo, para se poder
discernir claramente onde está o interesse público.* É muito frequente a confusão de alhos com bugalhos no que se refere ao interesse especulativo comparado com o interesse público. As leis
de anistia frequentemente misturam os dois tipos, como já ocorreu no passado e continua ocorrendo nos projetos de lei em debate na Câmara Municipal, o que não devemos aceitar.

Resultam de estranha aliança entre movimentos populares
de necessitados sociais, para os quais, em princípio, a anistia pode ser justa, e os burgueses predatórios, que querem pegar "carona" nesta anistia.

Assim, chegamos a *uma importante conclusão*: a definição
de uma nova matriz com as tipologias de zona, assim como a definição da capacidade de suporte do sistema de circulação, deverá necessariamente anteceder a definição final dos Planos Regionais, embora os Planos de Transporte, de Uso do Solo e de Habitação devam caminhar juntos com o Plano Regional, mas, em certo momento, aqueles devem municiar estes com definições, sem
as quais não se consegue acabá-los.

Capítulo 31
O TECIDO URBANO
E A POLÍTICA HABITACIONAL

A solução das carências habitacionais não pode ser obtida sem capacidade de investimento a fundo perdido, bem como de financiamento a juros subsidiados na produção da moradia popular, especialmente para a faixa salarial entre 0 a 5 salários mínimos de renda mensal por família. A questão da inclusão social, visando repovoar as áreas que estão perdendo população moradora de alta, média e baixa renda, embora continuem congestionadas e até tenham seu congestionamento viário ampliado, depende das definições de uma nova mobilidade urbana fundada no transporte coletivo, como prevê o Plano Diretor, associada a uma política de regulação imobiliária que reverta o processo de expulsão gradativa do Centro Expandido de cidadãos de menor renda, e até de média renda, para outras áreas, especialmente dos cidadãos de menor renda para a distante periferia, inclusive de municípios vizinhos. Essa reversão deverá ser buscada com a utilização fundamentalmente das ZEIS e da outorga onerosa diferenciada por área da cidade, como previsto no Plano Diretor.

Avaliar a capacidade efetiva de ação da versão aprovada da outorga onerosa, como das ZEIS, aprovadas ambas no Plano Diretor, permitirá estimar o que podemos esperar realisticamente desses instrumentos.

A possibilidade concreta de uma participação maior dos recursos da CDHU, da Caixa Econômica Federal e de bancos de fomento com carteiras sociais, tanto de investimento a fundo perdido como de financiamento popular, inclusive internacionais como os recursos do BID (Banco Interamericano de Desenvolvimento), serão importantes coadjuvantes do Plano de Habitação a ser

Candido Malta Campos Filho

desenvolvido simultaneamente ao Plano de Transporte e à Revisão da Legislação de Uso do Solo, que deverão ser terminados até 30 de abril de 2003.

Assim, tudo indica que não haverá provavelmente tempo para uma entrega final simultânea dos Planos de Transporte, de Uso do Solo, de Habitação, realizados articuladamente entre si como prevê o Plano Diretor em seus artigos 183 e 271, e ainda articulados com os Planos Regionais e com os Planos de Bairro que tiverem sido terminados, neles inseridos. Estes últimos, os Planos Regionais e os de Bairro necessariamente dependendo de definições essenciais daqueles três planos maiores citados, como especialmente da capacidade de suporte e das tipologias de zonas, terão que esperar essas definições serem finalmente aprovadas. Os cidadãos desejarão, com todo o direito, influir decisivamente nessa definição, especialmente para se contrapor a interesses especulativos imobiliários que têm uma errada tradição de atuação de bastidores, empregando todo o tipo de meio de convencimento de autoridades, como vimos recentemente. *No caso da capacidade de suporte, será traduzida em um número-chave para cada subprefeitura, ou seja, para cada Plano Regional, que é a quantidade de* metros quadrados a serem vendidos pelo poder público, como outorga onerosa de potencial construtivo, a serem acrescidos ao potencial construtivo já construído e o possível de ser construído gratuitamente, correspondente ao coeficiente de aproveitamento básico para cada tipo de zona. Os Planos Regionais e os de Bairro devem participar tomando conhecimento de um cálculo essencialmente técnico, que utiliza metodologia própria, e verificando as consequências do mesmo cálculo para a estrutura urbana regional e para os tecidos urbanos com tipologias coerentes com aquela estrutura urbana, aceitando as mesmas tipologias atuais ou desejando-as mais restritivas, mas nunca defendendo tipologias mais permissivas que superem tal cálculo de capacidade máxima de suporte, pelas razões já apresentadas.

Esses cálculos terão que ser feitos pelo menos para três níveis de organização do território urbano, como veremos a seguir.

Capítulo 32
OS NECESSÁRIOS TRÊS NÍVEIS
DE CÁLCULO DO ESTOQUE
DE POTENCIAL CONSTRUTIVO

Nos cálculos de estoques de potencial construtivo, a soma dos estoques dos bairro será necessariamente maior que o da sua subprefeitura correspondente, e a soma dos estoques de todas as subprefeituras será igual ao do conjunto da cidade.

O estoque de potencial construtivo para uma dada subprefeitura será resultado da capacidade de suporte, no nível metropolitano, para o sistema de circulação em seu conjunto. No nível da subprefeitura, ou melhor, no nível das bacias de tráfego em que está inserida, haverá um outro nível do sistema de circulação para o qual deverá ser estabelecida uma capacidade máxima interna de suporte por sub-região. E, finalmente, cada bairro, tendo em vista seu traçado viário, sistema de transporte coletivo e qualidade de vida desejada, enquanto estilo de vida como cultura urbana de grupos sociais determinados, estabelecerá sua capacidade máxima de suporte.

Se estabelecemos esses três níveis de capacidade de suporte, o metropolitano (que é o mesmo para o conjunto do município, nessa metodologia proposta), o de cada subprefeitura, para o qual o estoque a ser outorgado onerosamente é definido assim como o estoque para o nível dos bairros, temos que entender que a soma dos estoques dos bairros será sempre maior do que o estoque das subprefeituras (ver Desenho 60).

Isso pode parecer irracional para quem se esquece de que vivemos em uma economia de mercado, segundo a qual é bom que a oferta de espaço disponível para construção enquanto espaço construído (e não de terrenos) deve ser maior, em certa proporção que devemos definir, em relação à demanda efetiva.

Desenho 60
Os três níveis de capacidade de suporte,
para cada um dos 3 níveis do sistema de circulação.

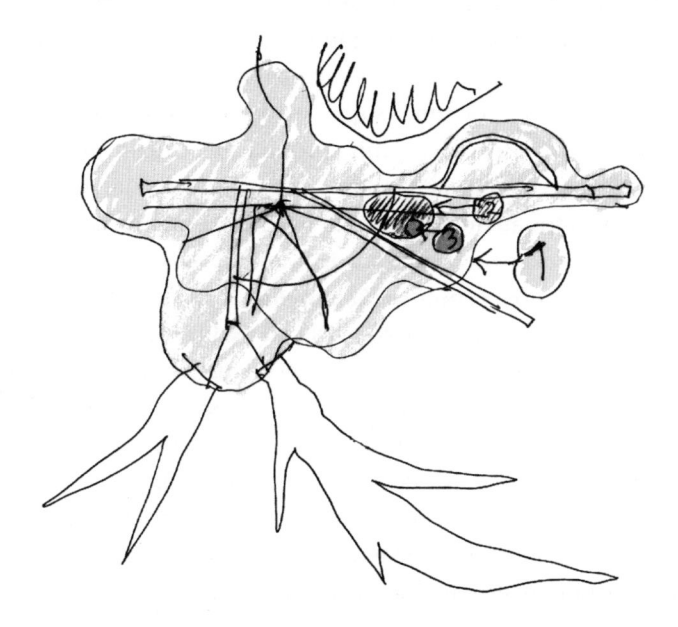

Nível 1 (nível metropolitano): suportando 10 milhões de m^2 de área construída, suponhamos (hoje a cidade de São Paulo tem um estoque de cerca de 30 milhões de m^2 construídos).

Nível 2 (subprefeituras): suportando cada um 2 milhões de m^2 em média, suponhamos também. Sendo 31 subprefeituras, somarão no total 31 x 2 milhões = 62 milhões de m^2.

Nível 3 (bairros): cada um, digamos, com 500 mil m^2 de capacidade média de suporte. Se forem 400 bairros com população média de 25 mil habitantes, a soma da capacidade de suporte de todos os bairros, e só deles (excluídos os níveis 1 e 2, portanto), será de 200 milhões de m^2 de área construída.

Os bairros saturados devem ser considerados como de nível 3, e os congestionamentos considerados como sendo produzidos pelo tráfego que por eles cruza ou que neles se origina. Portanto eles tem capacidade de suportar mais tráfego igual a zero. Daí que para esses bairros seja lógica a decisão de impedir o aumento de tráfego por eles produzidos, proibindo novos usos geradores de mais tráfego que os usos atuais e proibindo o aumento da área construída e a ampliação dos usos existentes.

Em uma economia de mercado como a do Brasil (na Espanha, por exemplo, é diferente), caso a oferta potencial de direitos de construir se igualasse à demanda real, isso daria aos ofertantes um poder de fixar preços oligopolizados (na verdade monopsonicamente definidos, mas esta é uma palavra tão pouco utilizada que só a citamos para aqueles que, sendo conhecedores de teoria econômica, exigem nomenclatura própria conceitualmente perfeita), isto é, especulativos. E teríamos de pagar muito mais caro para desenvolvermos atividades de todo tipo, sejam elas produtivas, de moradia, de lazer ou de cultura. Ao invés de combater, estaríamos estimulando a especulação imobiliária.

Por isso é bom, é mesmo essencial no Brasil, termos a oferta de potencial construtivo no nível dos bairros, somando todos eles, maior do que o potencial construtivo máximo por subprefeitura. E, *usualmente, a capacidade de suporte no nível dos bairros, somados todos eles, será superior do que a da subprefeitura.* Desse modo, mantém-se a coerência entre as capacidades de suporte de cada nível, e a capacidade menor será sempre no nível mais elevado do sistema hierarquizado de circulação (ver Desenhos 43 e 60).

Conforme a demanda pelos lotes espalhados nos bairros, parcelas do estoque das subprefeituras a ser outorgado onerosamente (a ser vendido) vão sendo consumidas até o seu esgotamento. Com esse esgotamento, não se permitirá que novas edificações sejam implantadas, a menos que se amplie a capacidade de circulação dos níveis estruturais 1 e 2 (nível metropolitano e subprefeituras), porque ela estará no seu limite máximo de uso. E, no nível dos bairros, irá sobrar naturalmente muito potencial construtivo, que não mais poderá ser usado pelos proprietários de imóveis que deixaram passar sua vez.

Capítulo 33
OS TECIDOS URBANOS,
A DIVERSIDADE CULTURAL
E OS ESTILOS DE VIDA DECORRENTES

Os estilos de vida em ambientes construídos com diferentes graus de naturalidade, ou seja, de espaços mais ou menos manipulados por nós e coerentes proporções de espaços verdes e arborizados, serão objeto de cotejo na escolha das tipologias de tecido urbano a serem oferecidas a escolha dos bairros (ver Desenhos 16 a 21). *Obviamente, as possibilidades concretas de se passar de uma situação atual para uma situação futura, envolvendo graus diversos de modificação e o orçamento público e privado, fará parte da questão.* A formulação dos custos de urbanização e/ou reurbanização decorrentes deverá ser objeto de orçamento específico, e organizada em planilhas de fácil compreensão, separando gastos de investimentos dos gastos do custeio, estes sendo decorrentes dos de investimento. *A viabilidade concreta dessas transformações dependerá dos estudos a serem feitos.*

Fizemos já esse tipo de planejamento para a Prefeitura Municipal de Itapecerica da Serra. O primeiro plano de bairro aprovado por lei no Brasil foi o do Branca Flor e Campestre, bairros populares na periferia daquele município da região metropolitana de São Paulo, junto à estrada que liga o centro de Itapecerica a Santo Amaro. O mesmo foi desenvolvido com ampla participação popular. O prefeito, o arquiteto Lacir Baudusco, que foi nosso aluno na FAU-USP, está conduzindo o processo político administrativo de planos de bairro após ter obtido da Câmara Municipal um Plano Diretor de Desenvolvimento para o conjunto do município, de autoria técnica minha e do urbanista Luiz Carlos Costa, através da Urbe, nosso escritório de consultoria.

Em São Paulo, como já ocorreu em Itapecerica da Serra no Branca Flor e no Parque Paraíso, a ideia de espaços urbanos com diferentes níveis de tranquilidade no que se refere à intensidade de usos produtores de menor ou maior ruído, deverá ser objeto de debate com os moradores, ao se discutir os tipos de zona de sua preferência. Naquelas experiências, vimos desmentida a tese de que bairros populares não se interessam pelos controles de qualidade ambiental urbana propiciados pelo zoneamento. Antes que nós, os urbanistas, falássemos sobre o assunto, surgiu logo o tema como uma demanda popular.

É fundamental respeitar as opções culturais dos cidadãos que historicamente se estabeleceram em determinados bairros da cidade, os quais defendem ardorosamente determinados estilos de vida. Esses estilos de vida estão associados a determinados ambientes urbanos, que podem ser mais ou menos tranquilos.

Esses ambientes urbanos, como vimos, dependem de menor ou maior volume de tráfego de pedestres e de veículos. Como os bairros que possuem um padrão de tecido urbano de ruas arborizadas, com comércio e serviço apenas de apoio a residências, casas ou edifícios baixos. Ou então, por exemplo, aqueles que preferem viver em bairros estritamente residenciais, com serviços e comércio de apoio a moradia por perto, porém situados em áreas para isso definidas, como pequenos centros desses bairros, que podem ser lineares ao longo de uma via ou concentrados em uma ou mais quadras ou no cruzamento de duas vias. Ou ainda aqueles que preferem bairros com muita intensidade de vida nas ruas, como os bairros centrais.

As diferentes organizações dessas centralidades locais, conformando tipologias diferenciadas de tecido urbano, deverão ser debatidas para que o cidadão, com base no conhecimento de suas peculiaridades e potencialidades, possa fazer uma opção consciente para o presente e para o futuro de seu bairro e, com isso, contribuir para progressivamente se reduzir aquilo que a arquiteta e urbanista Erminia Maricato denomina "analfabetismo urbanístico" por parte da população.

Capítulo 34
UMA IMPORTANTE QUESTÃO:
MANTER OU MODIFICAR O CONCEITO DE
ZONEAMENTO ATUALMENTE EM VIGOR?

Dois conceitos polares de regulação urbanística estão postos em debate: o que deixa claro por tipo de zona quais usos são permitidos e quais são proibidos, e outro que tudo permite, sem que sejam definidos tipos de zona, ou que, na melhor das hipóteses, define um único tipo básico de zona mista, uma macrozona, na verdade, onde todos os usos ou quase todos são permitidos desde que atendam a parâmetros urbanísticos que meçam a incomodidade de usos em relação a outros.

Essa questão importante e mesmo fundamental corresponde a uma discussão de duas modalidades básicas de zoneamento: de um lado, temos a modalidade tradicional, que elenca os usos permitidos por tipo de zona com os parâmetros urbanísticos que completam a definição da tipologia do lote e da edificação no mesmo. Pode-se chegar até a definir o traçado urbanístico viário e de quadras, mas isso é mais raro em São Paulo, quando se trata de espaço já loteado, onde esses parâmetros já são dados da realidade. De outro lado, como uma nova modalidade recentemente introduzida no debate no Brasil, temos um novo tipo de regulação urbanística que quer flexibilizar a primeira, propondo que todo uso pode se situar ao lado de outro, desde que sejam obedecidos parâmetros urbanísticos definidores do incômodo que possam causar ao uso vizinho. E, assim, desaparece a rigor a figura de zona de uso.

O zoneamento tradicional, longamente estabelecido, apresenta para a questão dos ruídos urbanos uma regulamentação em vigor que é uma aproximação bastante efetiva desse conceito, que alguns urbanistas querem implementar em nome de uma flexibilização, que não é assim, portanto, tão inovadora como a princípio poderia parecer. Assim, uma certa mistura entre o conceito de zonas com categorias de uso permitidas e aquele outro conceito segundo o qual a proximidade de determinados usos é permitida, desde que atenda a parâmetros específicos, apresenta em São Paulo uma longa experiência desde que a lei de ruídos foi inicialmente implantada em 1967. Essa lei foi refeita em 1974, mas a lei original de 1967 antecede até em alguns anos a legislação do zoneamento mais tradicional. Em São Paulo, o zoneamento tradicional tem sua lei básica n° 7.805, de 1972, que é a que vige como conceito norteador em nossa cidade, modificada em parte pela lei 8.001, de 1973, que pode ser considerada também uma "alma mater" da legislação de zoneamento. Podemos dizer que, após cerca de 32 leis, a mesma foi terminada como sistema, basicamente durante a minha gestão, de 1976 a 1981, à testa da Secretaria de Planejamento da Prefeitura de São Paulo, sendo prefeitos Olavo Setubal e depois Reynaldo de Barros. Poucas leis vieram *a posteriori*, sendo uma delas, muito importante, a que permite a transferência dos direitos de construir não utilizados, de imóveis tombados, para outros imóveis, lei elaborada na gestão, como Secretário de Planejamento, do urbanista Jorge Wilheim, quando era prefeito Mario Covas.

A experiência citada de regulação por parâmetros ou paramétrica, como pode ser chamada, deve ser analisada com muita atenção, pois nada como a prática concreta de sua gestão para nos dar critérios de escolha entre esses dois tipos conceituais de regulação urbanística e das possibilidades de sua combinação.

O Plano Diretor recentemente aprovado fez uma opção básica pela existência dos tipos de zona, ao definir um conjunto delas e estabelecer critérios para o seu detalhamento, mas deixou em aberto como definir o tipo de regulação urbanística no que se refere às duas configurações opostas como tipo ideal. Elas são combináveis em diversas modalidades que, como dissemos, já ocorrem em certa medida em São Paulo, e devem ser avaliadas em seus prós e contras, nessa experiência de mais de 30 anos de aplicação.

Candido Malta Campos Filho

Capítulo 35
UMA AVALIAÇÃO DA REGULAÇÃO
TIPO "TUDO PODE DESDE QUE"

Em São Paulo, a prática da lei de ruídos é muito dolorida para a maioria de nós, para dizer o mínimo. A infernização da vida de muitos cidadãos produzida por bares e restaurantes, ao lado ou nas proximidades de suas moradias, é objeto de uma constante denúncia pelos vizinhos incomodados. Imagino até que muitos, desacorçoados de anos de tentativas de controle dos ruídos emitidos por esses usos que foram permitidos desde que não os emitissem acima de uns tantos decibéis definidos em lei, se acomodaram ao custo de um grande estresse. Isso leva a uma insensibilização gradativa em relação às agressões sofridas por excesso de estímulos aos sentidos de audição, mas também do olfato, do enxergar e do tato. Como resultado e, para aguentar o excesso de solicitações e estímulos, os cidadãos vivendo essas situações se revestiram de uma carapaça emocional, como muito bem estudou o sociólogo alemão Georg Simmel, autor de uma obra clássica da sociologia urbana, *A metrópole e a vida mental*.

Capítulo 36

A DESREGULAÇÃO PARAMÉTRICA

No que se refere à regulação puramente paramétrica, isto é, aquela pela qual todos os usos podem estar ao lado de todos os outros desde que se obedeçam parâmetros de incomodidade, é preciso afirmar que se determinados grupos de cidadão querem viver na cidade em regiões reguladas assim, o que na verdade, como veremos, é uma desregulação, deveríamos dar-lhes tal oportunidade, porque seria um excelente meio de mostrarmos a eles e aos demais o inferno ambiental urbano que estariam criando para si mesmos. É fácil mostrar a impossibilidade de se utilizar parâmetros como regra geral no papel de medidores de incomodidade provocada.

Em primeiro lugar, listemos um primeiro grupo de incomodidades possíveis:
1) falta de insolação;
2) falta de ventilação;
3) falta de espaços verdes, isto é, espaços de terreno com cobertura vegetal.

Nesse primeiro grupo, vejamos como resolver a questão da insolação. Segundo a regulação paramétrica, teríamos que estabelecer o número de horas de insolação mínima a que todo cidadão tem direito de estar exposto. Apenas essa seria a regra a ser fixada. Isto é o que teria que ser feito segundo essa escola de pensamento "desreguladora". A cada projeto de edificação examinado para aprovação do poder público, não haveria recuos obrigatórios em relação a vizinhos, pois essas distâncias seriam estabelecidas caso a caso, conforme os projetos de edificação nos loteamentos fossem apresentados, para atender ao parâmetro fixado. Mas, se você é o proprietário do décimo lote a ser construído, outros nove já lhe antecederam. Que sombras as edificações já construídas antes nos terrenos vizinhos estão projetando sobre o seu terreno, que lhe retiram a possibilidade de ter sua insolação mínima? Não será permitido que os vizinhos joguem nenhuma sombra sobre o seu terreno? Isso é impossível em um terreno usual de 10 m de frente por 25 m de fundo, ou 5 m de frente por 25 m de fundo. Os muros laterais de 2 m de altura já produzem redução de insolação. E se for exatamente para esse lado que você quer abrir suas janelas? Os que fossem ficando para o final do assentamento em cada lote teriam cada vez menos opções. Isto é, sua margem de escolha iria se encolhendo, podendo chegar à situação de não haver um mínimo de horas de insolação a que tem direito.

O mesmo raciocínio podemos fazer em relação à ventilação urbana. Por esse critério "desregulamentado", isto é, onde o que conta é um parâmetro de objetivos a atingir, no caso a passagem do ar tantas vezes por minuto, com determinada velocidade, teríamos sempre que os primeiros a ocuparem um loteamento terão maior grau de liberdade e os últimos poderão não ter liberdade alguma. Que justiça social é essa?

A mesma avaliação podemos fazer quanto à proporção de áreas verdes. Quanto aos espaços verdes, os parâmetros da "regulação paramétrica" exigiriam para um bairro ou uma quadra a obediência de um nível mínimo de verde a ser observado no seu conjunto e não já a regra fixada para cada lote da legislação tradicional. Seria o objetivo de se ter uma proporção de espaços verdes no conjunto e seria então essa meta de conjunto que contaria e não o verde individual. Nesse caso, se os primeiros ocupantes deixam muito verde, desobrigariam os seguintes de deixar tanto. Ou vice-versa, logicamente. Assim, no primeiro caso, tendo em vista que um parâmetro de conforto do conjunto foi inicialmente obedecido, e por isso não gerou incomodidade individual, a sua obediência de forma individualmente desigual que a regulamentação flexível propicia, resulta em tratamento desigual e injusta por isso. Além disso, engessa os mesmos cidadãos para que a incomodidade da falta de verde não se produza no futuro. Isto é, aquele que no início deixou mais proporção de verde, se agora quiser reduzir a um nível mais baixo, mas assim mesmo superior aos que deixaram menos no assentamento original, não poderá fazê-lo, a menos que consiga uma compensação de outro que aumente para restaurar a proporção de verde do conjunto, que é, por definição desse nosso raciocínio, o que não gera incomodidade. A flexibilização produz desigualdade no tratamento entre cidadãos que deveriam estar sob a tutela das mesmas exigências.

Podemos concluir, no caso de insolação, ventilação e proporção de verde relativos à ocupação dos edifícios dentro dos lotes, que a regulação paramétrica que quer ser flexível é de impossível aplicação na prática, embora, como raciocínio abstrato, o mesmo pode logicamente fazer sentido, mas com flagrante injustiça, como acabamos de ver.

Mas, como ficou mostrado, é claramente insatisfatório o resultado prático dos "reguladores paramétricos" para essas incomodidades. Os que estão propondo leis desse tipo acabam, muitas vezes, deixando de lado essa questão da insolação, da ventilação e da proporção de áreas com cobertura vegetal. "Esquecem" de cuidar da insolação, ventilação e proporção de verde. Mas, apesar disso, vão querer seguir a mesma lógica para outras polêmicas incomodidades, como a seguir exporemos.

Quais são elas?

Vejamos a da periculosidade explosiva. Por exemplo, os fogos de São João. Uma bombinha diverte a todos. Dez bombinhas explodindo juntas já dão um estouro que incomoda. Cem bombinhas explodindo ao mesmo tempo já podem demolir um pedaço de parede. A loja explodindo pode arrasar um quarteirão e matar pessoas. E isso é muito comum no Brasil.

Reguladores paramétricos dirão: não há problema. O Corpo de Bombeiros definirá os quilos por tipo de explosivo que serão permitidos de modo a, se houver uma explosão, não incomodar os vizinhos. Foi isso que me argumentaram em Belém do Pará, para justificar a introdução desse conceito flexível paramétrico de regulação urbanística em 1993, quando foi votada e aprovada, contra meu parecer, a Lei Complementar de Regulação Urbanística, a partir de Plano Diretor que assessorei para a Prefeitura de Belém do Pará, plano que considero excelente, pois antecipou em 10 anos o Estatuto da Cidade.

Imaginem uma lei que diga quantos quilos por tipo de explosivo se pode colocar em uma prateleira! Quem vai fiscalizar se os quilos por tipo de explosivo estão de acordo com o parâmetro estabelecido?

É claramente impossível ao cidadão comum fiscalizar a obediência ou não ao mesmo parâmetro.

Imagine você pedindo licença ao dono da loja para verificar se a soma dos quilos de vários produtos, que você não consegue saber bem quais são, ultrapassa determinado peso! Supondo que você saiba distinguir os vários tipos de explosivos, você levará uma balança consigo para pesá-los?

Diante dessa questão de permitir ou não lojas de fogos de artifício em bairros residenciais, o que faz o zoneamento tradicional depois das explosões que tiram vidas e prejudicam o patrimônio do dono do imóvel da loja e dos vizinhos? Proíbe esse uso.

O que faz a regulação paramétrica, que quer ser moderna, atual e flexível? Permite esse uso desde que os parâmetros de impossível fiscalização pelo cidadão comum sejam fixados. Belém, que tinha um zoneamento que proibia lojas de fogos em bairros residenciais e que era pouco obedecido, o "modernizou", passando a exigir os quilos de explosivos por prateleira conforme for determinado pelo Corpo de Bombeiros. Esse foi o "progresso" conseguido. Agora a propina ao fiscal e talvez até ao técnico municipal que aprova tal possibilidade hoje, será provavelmente a regra. Para você, cidadão, ficou mais seguro? Obviamente, não.

Você, cidadão, poderá ter uma loja de fogos de artifício no seu vizinho pela regulação parametrizada, sem poder saber se os pesos estão certos e só perceber isso depois da explosão! Poderá, ao contrário, pelo zoneamento tradicional, saber que ao lado da sua casa é proibido pelo zoneamento ter loja de fogos de artifício ou depósito de substância inflamável ou explosiva e denunciar um descumprimento da lei facilmente perceptível à Prefeitura. E se o fiscal for subornado e o estabelecimento não for fechado, você poderá denunciar tal conivência ao Poder Judiciário e também ao Ministério Público, por descumprimento da lei, com, por exemplo, uma foto que qualquer um pode tirar como prova do fato.

Agora, com a "regulação parametrizada", "tudo pode desde que", o cidadão não terá como agir, porque bastará o fiscal conversar com o dono da loja antes de qualquer vistoria que se queira fazer, para evaporar a prova dos quilos a mais de substância perigosa.

Vejamos a incomodidade resultante da geração de tráfego.
Tráfego demais incomoda. É possível medirmos nas horas de pico o tráfego que está passando em determinada via e registrar cientificamente tal dado. É o que fazem, e agora de modo cada vez mais frequente, as pesquisas de tráfego encaminhadas pelos órgãos responsáveis por seu monitoramento, gestão e planejamento, tanto as grandes pesquisas de origem e destino de tráfego na metrópole ou em certa região, como as pesquisas feitas em determinados bairros e determinadas ruas.

Mas sabemos que o tráfego é gerado por todos nós em nosso uso da cidade. Tráfego de veículos e pedestres. Por transporte coletivo ou individual. E que o controle da geração de tráfego é crucial para garantirmos a nossa maior ou menor tranquilidade desejada, em cada bairro em que vivemos.

O que faz o zoneamento tradicional? Ele tem como ponto de partida o conceito de que cada tipo de usos contribui para a geração de tráfego e este critério deve ser cruzado com certo tamanho de imóvel edificado ou não, para uma determinada geração de tráfego, por modo de transporte. Esses parâmetros são levantados quanto a origem e destino de tráfego, constituindo as denominadas Pesquisas de Origem e Destino (O/D), que antes eram realizadas a cada dez anos e, com o aumento da velocidade das alterações havidas, passaram, a partir do ano de 2002, a ser feitas a cada cinco anos.

Esses parâmetros são utilizados na formulação do zoneamento tradicional, do que será permitido e o que será proibido, para que não se provoque congestionamentos e para que os investimentos feitos pela sociedade — especialmente através do poder público no sistema infraestrutural, destacando-se o de circulação pelo enorme custo público que apresenta —, sejam, se possível, plenamente utilizados.

Assim são incluídos na legislação de zoneamento, para cada zona aplicada em certa região, quais são os usos permitidos e em que proporção. Esta proporção é dada basicamente pelos tamanhos dos lotes e coeficientes de aproveitamento enquanto possibilidade de construir nos mesmos.

O que a regulação parametrizada quer mudar?

Não existem mais para esse tipo de regulação categorias de usos e os parâmetros a elas atribuídos de geração de viagem como explicado acima para o zoneamento tradicional.

Todo uso pode ser instalado em qualquer lugar desde que o seu proprietário assuma o compromisso de aquele uso não gerar mais do que tantas viagens de automóvel, de caminhão, de ônibus ou de metrô nos vários horários do dia.

É obviamente impossível ao cidadão comum fiscalizar o cumprimento de tal acordo, que assume um caráter privado, pois, embora seja público em sua natureza, a dificuldade de termos acesso ao seu conteúdo, diferente caso a caso, exige um esforço insano dos vizinhos incomodados. Imaginem se forem vários os possíveis originadores do tráfego excessivo, cada um com um compromisso próprio assumido com o poder público, de geração, conforme o horário, de tantas viagens diferentes para cada um.

E isso é muito comum. Não são apenas os usos considerados polos geradores de tráfego, como faculdades, hospitais e fábricas, os que potencialmente incomodam. *A soma de usos em que cada um gera pouco tráfego pode resultar, no conjunto dos mesmos em uma rua ou bairro, num grande número, e também pode incomodar, e muito.* É o caso, por exemplo, de uma grande quantidade de pequenas lojas de trajes de casamento ou de luminárias juntas em determinada rua, como o mercado muitas vezes costuma produzir. Como o cidadão comum e mesmo o técnico no assunto vai fiscalizar isso? Só irá perceber a incomodidade depois dos fatos consumados. E esses fatos consumados serão legais e constituirão "direito adquirido". *Não se conseguirá eliminá-los, a menos que se consiga criar a figura do uso tolerável a prazo determinado e definir-se um prazo curto de alguns poucos meses para fechar um grande número (a ser ainda determinado) deles.* Veja toda a complicação que estarão criando para nós. Não faz o menor sentido social. Só interessa para quem quer criar dificuldades para depois vender facilidades!

A lei de ruído em vigor em São Paulo, que adota essa filosofia de permitir a partir de parâmetros cuja obediência depende de ser verificada *in loco*, nos fornece um grande critério avaliador de sua eficácia.

A possibilidade de se comprar facilmente os fiscais para registrarem números diferentes dos reais ou de reduzirem o volume do ruído só na ocasião da medição, mostra toda a fragilidade do conceito.

Na verdade, tiro a conclusão de que, na maioria dos casos, salvos os ingênuos e desavisados, os que querem introduzir esse tipo de legislação, do "tudo pode desde que obedeça parâmetros" no lugar do zoneamento tradicional, querem é acabar com qualquer controle. O que criaria ocasiões propícias para a propina.

Uma vez que isso não é aceito pela maioria dos cidadãos, procuram introduzir o não controle de uso do solo por via sub-reptícia. São aqueles que querem que o mercado imobiliário, com todas a suas distorções especulativas, não corrigidas, seja o grande árbitro final, inclusive em sua dimensão antissocial de um mercado de propinas. Nele, o lucro que se obtém com a transgressão da lei é comparado ao custo do que se paga a agentes fiscais e ou de mais alto nível, que sejam membros corruptos do poder público, para fecharem os olhos! São, no fundo, ou declaradamente, especuladores imobiliários ou favorecedores dela e, quando burgueses, parte da burguesia predatória (ver o texto "Burguesia ambientalista x burguesia predatória", ao final deste volume).

Capítulo 37
A ÚNICA REGULAÇÃO
PARAMETRIZADA ADMISSÍVEL

A única regulação parametrizada admissível do tipo "pode desde que" é aquela que é inevitável. Foi o que se fez com as indústrias poluentes. A emissão de poluentes dentro de certos parâmetros pode ser admissível, mas de modo combinado com o zoneamento. Por exemplo, definindo uma região em que os ventos dispersam os poluentes para longe da área de concentração de moradores, de modo a não produzir danos ambientais que superem certo nível admissível. Os processos industriais emitem muitos tipos de poluentes, que se combinam no ar, no solo e na água. Só medindo cientificamente com aparelhos especiais e técnicos treinados é possível monitorar os efeitos ambientais de tais emissões. Os processos industriais se aperfeiçoam devido, em parte, à própria existência de controle público das emissões de efluentes no ambiente. Novos parâmetros em muitos casos terão que ser definidos para que um efetivo controle se torne possível.

Uma legislação dessa natureza é necessariamente muito parametrizada, mas não prescindirá do zoneamento. Caso tivermos que conviver muitas vezes com processos industriais altamente nocivos à saúde pela concentração de poluentes perigosos, que necessariamente emitem no meio ambiente, a sua localização em área que possa absorvê-los sem perigo ambiental significativo passa a ser fundamental, o que leva ao zoneamento tradicional, com a definição de zonas industriais com indústrias poluidoras.

As indústrias limpas poderão se mesclar com outros usos e as intermediárias terão que ser classificadas e terão critérios ambientais de localização com parametrização nesse caso e só nesse, admitidas apenas com a implantação de processos de controle e redução como filtragem, reciclagem etc. Essa enunciação sumária da questão permite vislumbrar por que foi criada a CETESB, da Secretaria Estadual do Meio Ambiente, para permitir uma eficaz fiscalização. Nem sempre se a consegue, no entanto, porque, obviamente, também nessas instituições de base científica a corrupção pode penetrar. Mas é de mais difícil ocorrência, porque outros organismos científicos, especialmente de universidades sérias, poderão testemunhar, com a evidência de seus dados e processos de controle, eventual desvio de conduta por parte de fiscais ou legisladores corruptos.

Capítulo 38
OS ESTUDOS DE IMPACTO DE VIZINHANÇA

A introdução dos estudos de impacto de vizinhança, embora seja um progresso no sentido de permitir avaliar em maior profundidade um determinado caso ambiental relacionado a uma intervenção específica no meio ambiente, por outro lado introduz a ideia de que substituir legislações normativas gerais abrangendo um conjunto da situações por tais estudos casuísticos de impacto seja uma coisa positiva. E esse é um perigo muito grande.

O correto, no nosso entendimento, é estudar os casos concretos de intervenção à luz das normas gerais, com as regras gerais a serem seguidas, e deixar para o estudo de caso aquilo que fugir da norma geral.

Por isso, somos contrários à substituição, seja ela lenta ou rápida, como querem os desreguladores, das normas gerais pelos estudos de impacto.

É substituir a norma geral, igual para todos, pelo estudo casuístico capaz de legitimar o favor para os amigos e a perseguição para os inimigos. É o pior clientelismo em ação. É criar ambiente propício para a corrupção.

Embora pareça obviamente absurda essa substituição da norma geral pela definição casuística, o neoliberalismo (ideologia com a qual de modo geral não concordamos, mas não podemos nos estender aqui nessa importante questão) a vem defendendo em nome de uma liberação da atuação do mercado. *É uma estranha aliança essa que pode se estabelecer entre essas forças sociais predatórias e parcelas dos que querem uma superação do capitalismo como sistema social.* Mas ela vem ocorrendo na prática de muitos acordos políticos!

Como os que defendem a anistia para pobres e para ricos no mesmo tempo. Para isso, querem tratar da mesma forma situações sociais obviamente muito diferentes. De um lado, o que é incapaz de seguir a legislação urbanística e perde qualidade de vida por isso e, de outro, o que pode obedecê-la, mas ganha especulativamente com a sua desobediência. No primeiro caso, isso acontece com os que não conseguem manter recuos laterais em relação aos vizinhos, o que lhe traria mais tranquilidade e privacidade, porque seu terreno é muito estreito, devido ao seu muito baixo poder aquisitivo face a um muito alto custo de acesso ao solo urbano. No segundo caso, vemos o investidor de alta ou média renda construir andares a mais ou fazer recuos menores que os exigidos para ganhar especulativamente. Como dizer que essas duas formas de desobediência, uma por necessidade social e outra por esperteza social são de uma única e mesma espécie! Existe claramente aí ignorância ou má-fé.

Os acordos entre vizinhos são outra forma de querer substituir a norma geral pela decisão casuística. Pelas razões já apresentadas, creio ter ficado demonstrado que o perigo dessa substituição é tornar impossível ao cidadão o controle de um Estado que aja de tal forma. Exemplo disso são os casos já promovidos pela introdução da regulação desregulamentadora, que quer transformar tudo em estudos caso a caso, que estão sendo experimentadas em algumas cidades do país. Como os Termos de Acordo de Conduta (TAC) substituindo a regra da lei, desobedecendo-a. Como um acordo entre partes, mesmo feito à luz de promotores públicos, pode desobedecer a lei que os promotores têm por obrigação principal fazer cumprir?

Não é preciso muito esforço para percebermos que para os corruptos e espertos em geral, e especialmente para os espertos com poder político, essa transformação da legislação tradicional com regras gerais em uma nova legislação com regras casuísticas é extremamente alvissareira!

Capítulo 39
UM QUADRO REFERENCIAL
DOS TIPOS DE ZONA COM FOCO
NA QUALIDADE AMBIENTAL DA MORADIA

Um quadro referencial dos tipos de zona com foco na qualidade ambiental de moradia é apresentado a seguir (ver Quadro 1). *Ele é útil tanto para se compreender melhor as tipologias existentes na legislação em vigor de zonas de uso com esse foco, como para se perceber as lacunas de tipologias que poderiam existir, mas que não foram implantadas.*

O ambiente dos assentamentos humanos que podem ser entendidos como parte de um "continuum" urbano-rural.

Os Quadros 2 e 3, a seguir, sinalizam que os ambientes urbanos, ou mesmo os assentamentos humanos em geral, podem ser mais ou menos naturais, isto é, com maior ou menor presença da natureza ou de espaços construídos.

Entendemos que é um valor cultural a opção por graus variados de naturalidade ou artificialidade. Não nos é possível aprofundar essa questão neste rápido texto.

Examine qual é a sua preferência. Se você acha que nunca pensou no assunto, permita-me discordar. Quando se vai escolher um lugar para morar, essas questões aparecem nas conversas familiares de modo mais ou menos implícito. Procure explicitar mais a questão e verificará que sempre existirá uma referência ao tipo de tecido urbano ao qual você dá preferência.

Quando um anúncio de um imóvel para venda ou aluguel diz que se situa em rua arborizada e tranquila, está por exemplo fazendo referência a esses valores. Quem vem de uma cidade menor para viver nessa megametrópole, passa por um período de adaptação no qual essas questões de maior ou menor tranquilidade de vida vêm à baila.

Candido Malta Campos Filho

Isto é, a todo momento estamos enfrentando questões que envolvem uma opção sobre tipologias de tecido urbano, quanto a esse caráter ambiental mais ou menos natural.

Quadro 1
As zonas existentes até a aprovação do Plano Diretor 2002.

Usos	Número de pavimentos				CA máx
	Até 2	Até 5	Até 10	> 10	
ER	Z15				0.12
	Z1				1.00
			Z8-CR6		2.00
R+SD	Z8-CR1				1.00
R+CSL	Z14				0.26
	Z8-CR5[1]				1.00
	Z9				1.00
			Z8-CR5[2]		2.00
			Z17	Z13	2.00
				Z8-CR5[3]	4.00
				Z10	4.00
R+CSL+CSD			Z18	Z11	2.00
				Z12	4.00
R+CSL+CSD+I1		Z8-CR2[4]		Z2	2.00
			Z19		2.50
				Z3	4.00
				Z8-CR3	4.00
R+CSL+CSD+I1+I2		Z6			1.50
				Z4	4.00
				Z5	4.00
CSD	Z16				0.20
CL+CSD+I1+I2	Z7				0.80

ER: estritamente residencial.
R: residencial.
SD: serviços diversificados selecionados (apenas os pouco geradores de tráfego).
CL: comércio local.
CSL: comércio e serviços locais.
CSD: comércio e serviços diversificados.
I1: indústria não incômoda.
I2: indústria medianamente incômoda.
CA: coeficiente de aproveitamento.
Notas: [1] ZL=Z9; [2] ZL=Z17; [3] ZL=Z3/Z4/Z10/Z12 (ZL: zona lindeira); [4] Até 3 pavimentos.

Quadro 2
O caráter dos bairros.

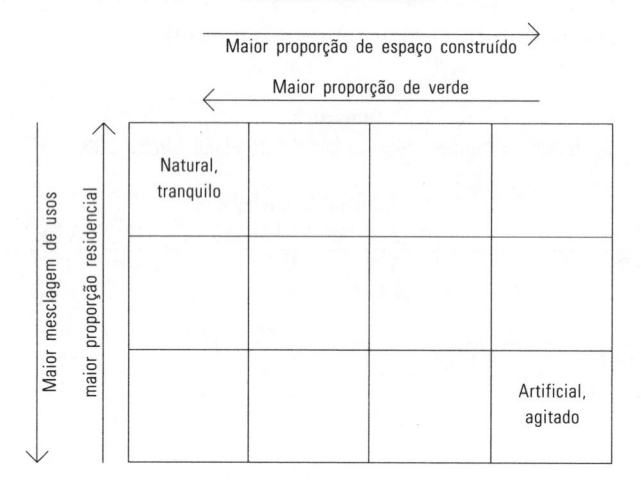

Quadro 3
A inserção dos bairros na estrutura urbana da cidade.

	Zona rural e semirrural	Periferia urbana	Centro Expandido	Centro Histórico
Mesclagem de usos	Maior mesclagem de usos → / ← Menor mesclagem de usos			
Proporção de espaço construído	Maior na vertical → / ← Maior na horizontal			

Os tecidos centrais tendem a ter maior mesclagem de usos, isto é, maior diversidade, à medida que sua posição na estrutura urbana vai se aproximando do Centro Histórico.

É uma tendência a ser modificada para que se possa levar centralidades de maior qualidade para os espaços periféricos. É o que propomos com o conceito de estruturação urbana dos Corredores Metropolitanos, os quais, começando no Centro Histórico e se prolongando para os espaços periféricos, vão levando para lá essa qualidade.

É possível que tais centralidades de maior qualidade possam ser incentivadas a partir de centros de nível 5, como é o caso do centro de Santo André. É o que a Prefeitura de Santo André deseja desenvolver a partir do seu Centro Histórico, com origem na estação ferroviária. É o que propusemos com o plano urbanístico do Eixo Tamanduateí, como parte de um Corredor Metropolitano, para a zona leste da metrópole paulistana.

O adensamento das construções dos tecidos mais centrais se faz pela verticalização. É o mar de prédios, mais de apartamentos que de escritório, que hoje se estende já até o início do espaço periférico.

No entanto, o casario baixo dos bairros populares apresenta alta densidade construída, com dois a três pavimentos na maioria dos casos, mas cobrindo quase 100% dos terrenos e até invadindo parcialmente o espaço público das vias.

Capítulo 40
A POLARIZAÇÃO DO ZONEAMENTO
EM VIGOR EM DOIS EXTREMOS

De um lado temos zonas estritamente residenciais, só de casas, abrangendo apenas 5% da cidade, e no outro extremo temos zonas mistas com grande diversificação, permitindo prédios sem limite de altura, abrangendo até 90% da cidade.

Percebe-se claramente esta polarização nas tipologias mostradas no Quadro Referencial nos dois extremos de sua diagonal: o uso mais controlado em intensidade de uso (só casas) e uso estritamente residencial, que é a Z1, e o uso mais misturado sem controle de altura de edifícios embora com controle de coeficiente de aproveitamento, que são as Z2, Z3, Z4 e Z5 e, de certo modo, agora também as Z6 e Z7 (zonas industriais que estão deixando de sê-lo, a meu ver erradamente, com a aprovação do Plano Diretor 2002).

As Z2 correspondem a cerca de 70% do espaço de lotes de zona urbana, excluindo-se assim a zona rural (Z8-100), e foram apelidadas de "zona etc.", pois abrigam uma enorme diversidade de usos. As Z3, Z4 e Z5 abrigam, nessa ordem, diversidades ainda maiores, podendo conter tecidos urbanos do tipo 4, típicos de áreas centrais.

Está aí uma incongruência a ser evitada pelos bairros que decidirem não aprovar esse grau de mesclagem. Esses bairros deverão pleitear uma tipologia equivalente a Z9, Z10, Z13 ou Z17, entre as em vigor. Escolherão as Z9 os que preferirem uma paisagem de casas. Preferirão as Z17 os que quiserem uma paisagem de prédios de até 10 pavimentos (na verdade, a Z17 limita o número de andares a nove). Preferirão Z10 ou Z13 os que preferirem não a mesclagem de residências só com comércio e serviço local e limite para altura de prédios. Mas é preciso que isso seja bem entendido. Não significa qualquer coeficiente de aproveitamento (CA) dos terrenos. Esses podem ser de 0,12, muito baixo, até o nível 4, muito alto, o mais alto possível. Com essas diferenças, obviamente, com os coeficientes baixos, os prédios terão muitos espaços vazios entre si. O da Z13 é 2 e o da Z10 é 4, pelo zoneamento ainda em vigor, mas que poderá ser modificado na revisão a ser feita.

Se se quiser, no entanto, uma paisagem assemelhada a cidades europeias em seus centros históricos, ou seja, um tecido urbano que poderíamos denominar tradicional europeu, não há nenhuma opção. Não existe, como se pode ver no Quadro Referencial, nenhum tipo de zona estritamente residencial, ou residencial com comércio e serviços locais, de até cinco pavimentos. Na Europa, o gabarito de 21 m de altura máxima para os edifícios, como em Berlim, permitirá cerca de seis pavimentos, pois dependerá tal número da altura do pé direito utilizado em cada andar, isto é, da altura do chão ao teto, à qual deve ser acrescentada ainda a espessura do piso entre os andares.

Imagino que em São Paulo deve existir demanda por esse tipo de tecido urbano tradicional europeu, já que tanta gente vai à Europa ou a Buenos Aires, Argentina, e gosta do que vê nesses lugares. Esse tipo de tecido urbano usualmente tem as edificações situadas nos limites do lote na frente e nos lados. Nos fundos, as edificações se distanciam formando quintais que, reunidos, criam um pátio interno ou vários pátios no "miolo" da quadra.

Os europeus do centro e do norte, descendentes dos povos germânicos e saxões, como os alemães, os escandinavos e os ingleses, têm demonstrado historicamente uma forte preferência por tecidos urbanos horizontais, de três ou quatro pavimentos. *Valorizam um elevado grau de naturalidade como tipo de meio ambiente, seja o rural ou o urbano.*

Ao virem para o Brasil, sofrem as influências de nosso clima natural e cultural e podem modificar essas preferências. Mas em São Paulo percebe-se a existência de bairros que concentram esses grupos culturais, como é o caso, na zona sul, da região no entorno de Santo Amaro e, na zona norte, no entorno à Serra da Cantareira. *A opção pela Z1, que constitui em geral os "bairros jardins", é um modo de expressarem essa preferência.* Alguns poderão optar por bairros estritamente residenciais com predinhos baixos de apartamentos de até três ou quatro pavimentos, como se vê, por exemplo, em inúmeros bairros por todo o estado da Califórnia e do Texas, nos Estados Unidos da América do Norte, que conheço muito bem por ter morado em Berkeley por dois anos e ido com muita frequência a Houston.

Outros preferirão morar em bairros estritamente residenciais, em prédios mais altos, da escala de até dez pavimentos, mas não encontrarão ainda tipo definido de zona na atual legislação de zoneamento. Assim como, para edifícios com mais de dez pavimentos, não encontrarão uma zona estritamente residencial.

Capítulo 41
AS VELHAS E NOVAS ZONAS
E O GRANDE SALTO DE QUALIDADE
QUE AGORA PODE SER DADO

O Plano Diretor recentemente aprovado já prevê a possibilidade de criação de novos tipos de zona em seu artigo 160. Se a ZER-1 é a nova sigla para a Z1, zona estritamente residencial com casas. As zonas ZER-2, a ZER-3 e a ZER-4 poderão se constituir em zonas estritamente residenciais de até cinco, dez e mais que dez pavimentos, respectivamente. É o que propomos. Caso a preferência seja pela mesclagem de usos, isto é, por zonas mistas, entendemos que elas devem se constituir em duas grandes famílias: a das *zonas mistas locais* (ZML) e a das *zonas mistas diversificadas* (ZMD).

A primeira, a ZML, poderia ser a de mesclagem mais controlada, combinando o uso residencial com usos de estrito apoio à moradia, denominados *usos locais*, como farmácias, quitandas, padarias, barbeiros, pequenos supermercados etc.

Uma lista deve ser definida com esse objetivo, discutindo-se com os moradores, os interessados nesse tipo de zona. Nessa família, temos hoje a Z9 com casas e a Z17 com prédios de até nove andares. A listagem de usos da Z9 e Z17 está permitindo a mistura de usos incômodos como ocorre hoje por exemplo na Vila Madalena. No caso, esses usos incômodos são bares e restaurantes que podem ficar encostados a moradias. Isso precisa ser revisto. No caso de não ser revisto, elas devem ser consideradas da família das zonas mistas diversificadas, ZMD, que permite a mesclagem de usos diversificados.

No caso das zonas mistas locais, teremos de criar uma zona para casas, que teria, por exemplo, a sigla ZML-1; a zona para prédios de até cinco pavimentos, a ZML-2; a ZML-3 para prédios de até dez pavimentos; e a ZML-4 para prédios com mais de dez pavimentos.

Raciocinando da mesma forma com a família da zona mista diversificada, que admite uma mesclagem maior e inclui não apenas os usos locais, mas também os diversificados, teríamos a ZMD-1 com casas; a ZMD-2 com prédios de até cinco andares; a ZMD-3 com edifícios de até dez pavimentos; e a ZMD-4 com prédios de mais de dez pavimentos. O novo Quadro Referencial ficaria organizado da seguinte forma:

Quadro 4
Quadro Referencial das Novas Zonas Propostas.

Usos	Número de pavimentos				Tipo de família
	Até 2	Até 5	Até 10	> 10	
ER	ZER-1	ZER-2	ZER-3	ZER-4	1
R+CSL	ZML-1	ZML-2	ZML-3	ZML-4	2
R+CSL+CSD	ZMD-1	ZMD-2	ZMD-3	ZMD-4	3

ER: estritamente residencial.
R: residencial.
CSL: comércio e serviços locais.
CSD: comércio e serviços diversificados.

As correspondências possíveis entre as tipologias atuais e as novas a serem criadas seriam as seguintes:

1) Tipo de família 1, com zona estritamente residencial:

ZER-1 — equivale à Z1 e Z15;

ZER-2 — zona a ser criada;

ZER-3 — equivale à Z8-CR6;

ZER-4 — zona a ser criada.

A atual Z15, por ser também estritamente residencial, mas diferente da Z1, seria uma variante da ZER-1, e poderia ser denominada, por exemplo, ZER$_2$-1.

2) Tipo de família 2, de zona residencial com comércio e serviços locais:

ZML-1 — equivale à Z9 e Z14 (com lista de usos permitidos revista no sentido de maior restrição);

ZML-2 — zona a ser criada;

ZML-3 — equivale à Z17 (com lista de usos permitidos revista no sentido restrito);

ZML-4 — equivale à Z10 e Z13 (com lista de usos permitidos revista no sentido de maior restrição).

A Z8-CR5 equivale à ZML-1 quando a zona lindeira do corredor é Z9; à ZML-3 quando a zona lindeira é Z17; e à ZML-4 quando a zona lindeira é Z3, Z4, Z10 ou Z12.

A Z9 é muitas vezes chamada de Z1 das famílias de menor renda. Na verdade, corresponde mais a um estilo de vida em que a comodidade de se ter mais perto o comércio e serviço local implica em conviver com um nível menor de tranquilidade. A família que depende ou quer ter um pequeno comércio ou serviço local conjugado à sua moradia deve optar por morar nessa zona, e não em uma estritamente residencial.

3) Tipo de família 3, de zona residencial com comércio e serviços locais e diversificados:

ZMD-1 — zona a ser criada;

ZMD-2 — equivale à Z6 e Z8-CR2;

ZMD-3 — equivale à Z18 e Z19;

ZMD-4 — equivale à Z2, Z3, Z4, Z5, Z8-CR3, Z11 e Z12.

Os que estão em uma zona estritamente residencial, para se locomover, provavelmente terão que pegar uma condução, mesmo que seja seu próprio automóvel, para acessar o comércio e os serviços locais, que como vimos podem estar por perto, mas nem sempre o suficiente para se ir a pé.

Mas mesmo esse usuário potencial de condução gostará que essa distância possa ser percorrida a pé com conforto, e para isso deve procurar planejar o seu bairro. Será mais fácil andar por ele se o bairro for plano e horizontal, e mais difícil se tiver declividades acentuadas.

Todas essas questões deverão entrar na avaliação da localização desse comércio e serviço local. Vimos no tecido urbano tipo 1 e no tipo 2 que ele tende a se situar nas vias coletoras. Isso deverá ser consagrado no zoneamento, se desejarmos que não se estenda para vias vizinhas. Estaremos caminhando, assim, para instituir pelo zoneamento o que o mercado imobiliário criou até o momento.

Pressupõe-se, evidentemente, que a zona onde se dá esse processo de surgimento de um aglomerado de comércio e serviço local — ou, conforme o nível de centralidade, mais diversificado — permitiu legalmente tal implantação. Se esse comércio foi se instalando dentro de zona estritamente residencial, a questão é muito diferente, pois a sua legalização significará a desmoralização de qualquer planejamento, pois ficará consagrada a regra de desobediência, premiada ao invés de punida, a qualquer legislação. *Esse é um ponto fundamental de nosso posicionamento.*

Aliás, a Prefeitura, ao apoiar o projeto de lei do vereador José Mentor, que anistia os usos irregulares indiscriminadamente (sem distinguir entre pobres e ricos) ou outro proposto com a mesma finalidade, está desmoralizando a instituição do zoneamento como um todo, pois está afirmando que a lei poderá ser desrespeitada no futuro. Não poderá convencer, assim, os cidadãos que temem perder qualidade de vida ou não conseguir obtê-la mediante o dispositivo legal do zoneamento. É preciso recuperar a respeitabilidade do zoneamento mediante uma mudança de posição por parte do Poder Executivo municipal, no sentido de fazer cumprir a lei, sem premiar os que a desrespeitam.

Não é fácil para uma burguesia de hábitos predatórios modificá-los para práticas ambientalistas. Mas parece que, devagar mas constantemente, isso está acontecendo. É a nossa esperança.

Se temos um tecido tipo 1 *legal* consolidado e estável, o zoneamento poderá consagrá-lo, se os moradores do bairro do entorno quiserem, adotando, para o eixo viário coletor no qual se instalaram as atividades de comércio e serviços locais e ou diversificados, uma zona diferenciada, ou seja, uma *zona-corredor*, correspondente às famílias ZML e ZMD, respectivamente. A ZER é compatível com corredores de comércio e serviços locais ZCML, desde que rigorosamente escolhidos, como farmácias de pequeno porte, digamos com cerca de 50 m^2 de área de venda, ou quitandas, ou pequenos supermercados, com até 150 m^2 de área de venda, ou barbeiros e cabeleireiros, ou bares que só possam funcionar durante o dia etc. Haverá casos em que, por já existirem esses serviços por perto, no entorno da ZER ou até no seu interior, quando instalados antes da lei de zoneamento ter entrado em vigor, em 1972, poderão continuar funcionando, por terem direito adquirido, como é o caso do supermercado Pão de Açúcar na Alameda Gabriel Monteiro da Silva. Nesses casos, os moradores das ZER podem optar por corredores com uso apenas de serviços, como escritórios de profissionais liberais, agências bancárias, de viagens, escritórios de corretagem, imobiliárias.

É claro que se for permitido o uso local onde o diversificado também é, não será preciso definir para uma mesma área as duas famílias de zonas-corredor atuando conjuntamente. Basta definir um tipo de zona da família diversificada que a mesma já englobará o uso local. Da mesma forma devemos raciocinar para o tecido tipo 2.

Esquematicamente podemos resumir:

Desenho 61
1) Tecido urbano tipo 1 com ZER
em volta do eixo de comércio e serviços.

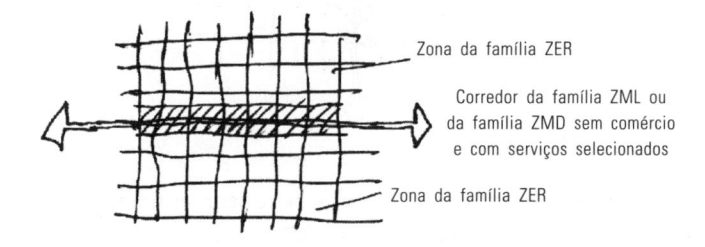

Zona da família ZER

Corredor da família ZML ou
da família ZMD sem comércio
e com serviços selecionados

Zona da família ZER

2) Tecido urbano tipo 1 com ZML (zona mista local) em volta do eixo de comércio e serviços.

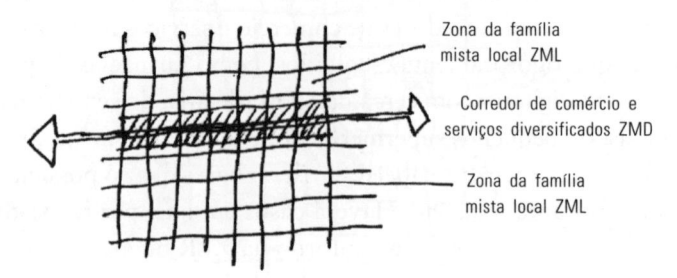

Zona da família mista local ZML

Corredor de comércio e serviços diversificados ZMD

Zona da família mista local ZML

Para o tecido urbano tipo 2, o cruzamento de eixos significará a criação de um aglomerado de comércio e serviços de nível de centralidade de um eixo linear simples, pois estará atendendo a uma população maior.

Porém, o raciocínio básico é em tudo idêntico ao feito acima, tanto para o tecido urbano tipo 1 como para o tipo 2.

Desenho 63
3) Tecido urbano tipo 2 com ZER ou ZML (zona mista local) em volta dos eixos de comércio e serviços.

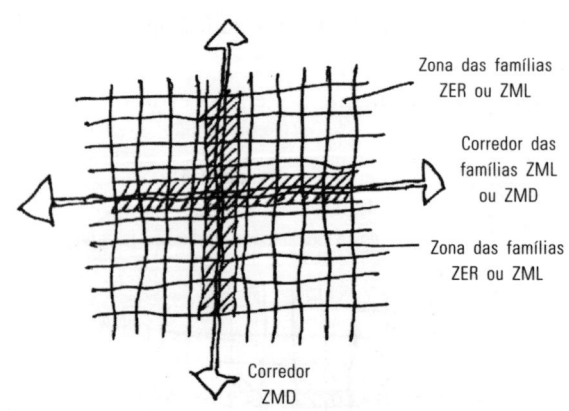

Zona das famílias ZER ou ZML

Corredor das famílias ZML ou ZMD

Zona das famílias ZER ou ZML

Corredor ZMD

Para o tecido urbano tipo 3, o zoneamento deverá ser da forma descrita nos Desenhos 64 a 67.

Desenho 64
Solução A: tecido urbano tipo 3 com ZER, ZML e ZMD.

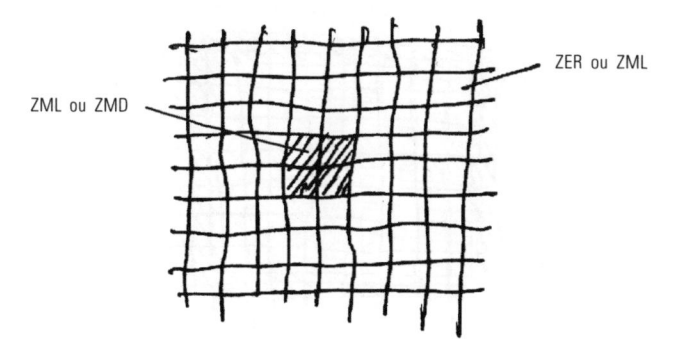

ZML ou ZMD

ZER ou ZML

Desenho 65
Solução B: tecido urbano tipo 3 com ZER, ZML e ZMD.

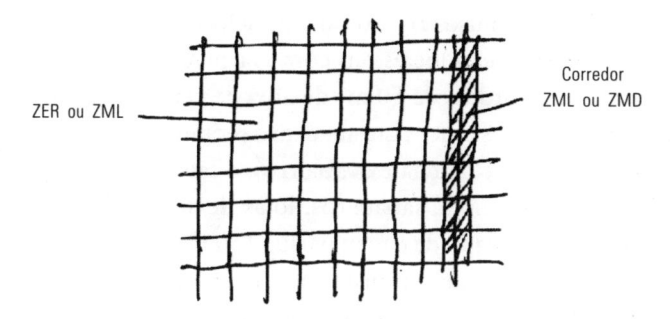

ZER ou ZML

Corredor
ZML ou ZMD

Desenho 66
Solução C: tecido urbano tipo 3 com ZER, ZML e ZMD.

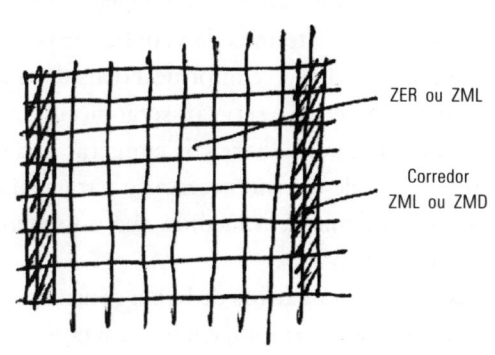

ZER ou ZML

Corredor
ZML ou ZMD

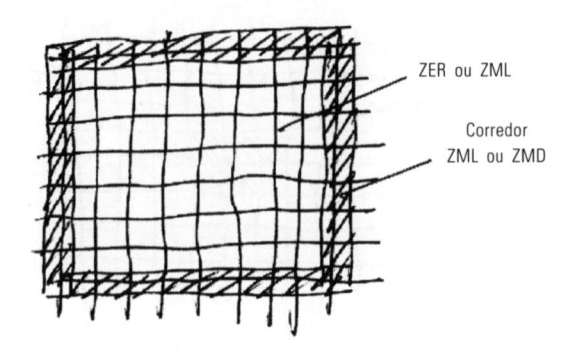

ZER ou ZML

Corredor
ZML ou ZMD

É claro, portanto, que a ZER é compatível com corredores do tipo ZML, com usos rigorosamente selecionados, como usos de comércio e serviços locais tais como farmácias até determinado tamanho, da ordem de 50 m^2 de área de venda (e não drogarias do tipo rede de serviços que tendem a ter uma dimensão maior para atender uma clientela extrabairro), e tais como quitandas, barbeiros, cabeleireiros, sapateiros, lojas de armarinhos, ou um pequeno supermercado de não mais que 150 m^2 etc. O que se precisa evitar são bares que se transformam em bares noturnos, acrescentando-se a exigência de que só poderão estar abertos durante o dia, e butiques que logo começam a ampliar suas atividades e com isso trazem perturbação ao sossego da vizinhança.

Os tipos de solução A, B, C e D mostrados nos Desenhos 64 a 67 dependem, em termos de viabilidade econômica, da densidade de usuários. Isto é, conforme a densidade de moradores aumenta, mais comércio e serviços serão necessários para servi-los.

Como comércio e serviços em geral habitam os primeiros andares, a área de terreno necessária para a sua implantação irá aumentar rapidamente à medida que o número de andares das moradias também sobe.

Assim, haverá bairros de baixa densidade (de casas, em terrenos médios, por exemplo) em que um polo de comércio e serviços bastará. Foi o que a Cia. City projetou para o Pacaembu (na Almirante Pereira Guimarães) e para o Alto de Pinheiros (na Praça Panamericana). Haverá outros casos em que um único polo não bastará.

O caso dos subúrbios norte-americanos é o da solução obtida pela concentração do comércio e serviços em gigantescos *shopping centers*, os chamados *"malls"*. Mas uma grande discussão se instalou naquele país quanto a esse modo de organizar o comércio e serviços, por não produzir um ambiente tão rico e variado de surpresas e encontros entre as pessoas, por ser muito programado, constituindo-se cada vez mais em um *não-lugar*, segundo a concepção de Marc Augé.

Por esse motivo, um novo urbanismo (*New Urbanisme*) surge naquele país, nos mais recentes empreendimentos, em que se busca reproduzir qualidades urbanísticas das centralidades tradicionais, revalorizando justamente a experiência histórica acumulada, como no caso dos Centros Históricos de qualidade das cidades mais antigas, especialmente da Europa.

É o que também valorizamos. Veja-se, por exemplo, o partido que adotamos para o plano urbanístico de Matupá, cidade que Luiz Carlos Costa e eu projetamos na rodovia Cuiabá-Santarém, no Mato Grosso, em zona pioneira de colonização, em plena selva amazônica. Em 1982, a cidade já era emancipada como sede de município, e buscamos um desenho orgânico de cidade-jardim e centralidades lineares, revalorizando praças centrais e bairros de tamanhos variados.

No caso do município de São Paulo, tivemos a polarização nos dois extremos dos tipos de zonas residenciais: de um lado as de um uso só, o residencial, como é o caso das Z1 e Z15, correspondendo a 5% do espaço urbano, e, de outro, as de grande mesclagem de usos, com os tipos Z2, Z3, Z4, Z5, Z6, Z11, Z12 e Z8-CR3, *correspondendo a cerca de 90% do espaço urbano.*

A Z1 é zona estritamente residencial *que ocupa apenas cerca de 5% do espaço urbano*, e a Z15 corresponde a uma pequena mancha de zona estritamente residencial, situada nos contrafortes da Serra da Cantareira e junto à Represa Billings (loteamento Sete Praias, por exemplo), ajudando-a na preservação de sua grande cobertura vegetal de Mata Atlântica, com lotes grandes de no mínimo 5 mil m², com frente mínima de 50 m.

No outro extremo, de maior mesclagem de usos, em que o uso local se mistura ao uso diversificado, apenas dependendo da lógica do lucro do mercado imobiliário, temos dez tipos de zona (ver as "velhas" zonas que permitem residências no Quadro 5).

Quadro 5
As zonas que permitem uso residencial
existentes até a aprovação do Plano Diretor 2002
(excetuando as zonas-corredor)

Usos	Número de pavimentos			
	Até 2	Até 5	Até 10	> 10
ER	Z1			
	Z15			
R+CSL	Z9		Z17	Z10
	Z14			Z13
R+CSL+CSD			Z18	Z11
				Z12
R+CSL+CSD+I1			Z19	Z2
				Z3
R+CSL+CSD+I1+I2		Z6		Z4
				Z5

ER: estritamente residencial.
R: residencial.
CSL: comércio e serviço locais.
CSD: comércio e serviço diversificados.
I1: indústria não incômoda.
I2: indústria medianamente incômoda.

A Z19, o último tipo que havia sido criado em 1981, buscava atrair para o entorno da linha leste do metrô escritórios e comércio, e não habitações. Desse modo, permitiu-se que as casas existentes de moradia continuassem legais e prédios de escritórios e de comércio, inclusive *shopping centers*, pudessem ali se instalar, tirando partido das centralidades geradas pelas estações de metrô. De fato, esse zoneamento produziu bom resultado na Estação Tatuapé. Hoje verificamos que devemos incluir prédios residenciais para áreas em que não houve interesse do comércio e serviços se instalarem. Um aperfeiçoamento possível e desejável. A classificação da Z19 na coluna de até dois pavimentos decorre da habitação ali ser só permitida em casas, o que pressupõe um coeficiente de aproveitamento baixo, da ordem de uma vez a área do terreno. Os demais usos podem ter aproveitamento máximo igual a 2,5 vezes a área do terreno, o que é mais que o dobro do uso residencial.

No caso de não se optar por uma definição de gabarito de altura para a Z19, ela deverá ser classificada na coluna > 10 pavimentos, ao lado dos outros oito tipos que já estão ali.

Esses comentários são feitos não tanto pela importância da Z19, que é uma zona própria do tecido urbano do tipo 4, pois está aplicada até agora em pequeníssima escala, mas para ilustrar com clareza o conceito norteador do zoneamento em vigor, em que essa polaridade foi se estabelecendo, por pressões da própria sociedade e expressando mais uma vontade especulativa imobiliária do que uma opção por uma qualidade de vida mais intensa e agitada, que pressupõe.

O zoneamento inicialmente tinha só oito tipos, Z1 a Z8. A Z1 é o que todos sabemos, um bairro de alta qualidade ambiental que foi implantado inicialmente para atender à alta burguesia paulistana, e que com o tempo foi, e ainda está sendo, estendida a camadas sociais de média renda.

Muitos bairros estritamente residenciais haviam conquistado essa característica não mediante o zoneamento propriamente dito, mas através do artigo 39 da lei 8.001/73, uma das duas matrizes do zoneamento (a outra é a lei 7.805/72). Por esse artigo 39, a qualidade estritamente residencial era assegurada pela vontade do loteador compartilhada pelos compradores de lotes, que inclusive colocaram cláusula nesse sentido nas escrituras de compra e venda para obrigar o comprador inicial e todos os seus sucessores a obedecê-la, averbando-a à margem da planta do loteamento e à margem da mesma escritura, nos Cartórios de Registro de Imóveis.

Esse artigo 39 reforçava e garantia a vigência dessas normas privadas do loteador, com as quais o comprador, para comprar, tinha de concordar. No entanto, especuladores imobiliários auxiliados por políticos com eles concordantes, no Executivo e no Legislativo, foram retirando aos poucos essas garantias. Em 1978, retiraram essa garantia dos bairros com tais características que se situam em Z2, que cobre cerca de 70% do espaço urbano da cidade. Foi uma perda enorme de qualidade ambiental urbana, em benefício do ganho especulativo.

Nesse momento, por exemplo, o Jardim da Saúde e muitos outros bairros em São Paulo passaram legalmente, com a alteração do artigo 39 (não na realidade, felizmente), de estritamente residenciais pelo zoneamento para extremamente diversificados. Não houve meio-termo. E querem ter seu zoneamento modificado para Z1 para retomarem o controle perdido com a abolição da validade do artigo 39 para a Z2, no que tem todo o nosso apoio. O bairro de Cerqueira César se transformou legalmente e de fato desde a Rua Estados Unidos até a Avenida Paulista, e desde a Rebouças até a Brigadeiro. Não existiam ainda os tipos de zona para garantir tranquilidade para quem prefere um bairro que seja predominantemente residencial mas admitindo, ao lado da residência em casas ou em prédios, o comércio e o serviço apenas local. Hoje, reconheço que não tinha muita clareza sobre essa questão. Mas mesmo assim introduzimos legalmente esses cinco tipos de zonas — Z9, Z10, Z13, Z14 e Z17 — com o comércio e serviços apenas local mesclados ao uso residencial. Justamente foi preciso aos poucos ir introduzindo esses tipos de zonas para garantir tranquilidade para quem preferisse essa mistura. Mas hoje reconhecemos que a mistura excessiva prejudica essa tranquilidade, que agora deve ser limpa desses usos que as perturbam. É um estudo a ser feito, com a sua participação, cidadão.

Candido Malta Campos Filho

Na Z9, embora nela só se admitam categorias de uso de comércio e serviços de índice 1, ou seja, de nível local, na verdade, se examinamos a lista de usos que por decreto se lhes fez corresponder (as categorias de uso estão na lei, mas o preenchimento da lista é feito e atualizado por decreto do prefeito), vemos que muitos indevidamente foram colocados na lista como *locais* e, na verdade, por serem perturbadores da tranquilidade da moradia, deveriam ser classificados como índices 2 ou 3, ou seja, *os menos diversificados com índice 2* e os *mais diversificados com índice 3*.

Às vésperas da passagem de 2001 para 2002, a prefeita de São Paulo Marta Suplicy aprovou — pressionada por aqueles que querem transformar o zoneamento da cidade numa única zona mista onde tudo se pode localizar, mediante uma suposta, porém impossível na prática, verificação da obediência de parâmetros de incomodidade (veja-se o fracasso da aplicação da lei de ruídos na cidade, obrigando ao fechamento de bares e restaurantes após certo horário) — a modificação dos decretos de listagem, fazendo com que se rebaixasse a classificação de uma série de usos. Muitos que eram classificados como mais incômodos de índice 2 foram artificialmente reclassificados como pouco incômodos ou não incômodos com índice 1. De diversificados, foram reclassificados como locais.

O Movimento Defenda São Paulo mobilizou os seus técnicos que entendem muito desse assunto, inclusive eu, e entramos com uma representação junto ao Ministério Público. Alertada a opinião pública pela mídia para a enorme mudança da qualidade de vida para pior que adviria, por exemplo para os moradores de Z2, viu-se que se estava modificando a lei de zoneamento muito antes da aprovação do novo Plano Diretor, o que era claramente ilegal. A Prefeitura reconheceu como justa a nossa postulação e a do Ministério Público (que teve grande sensibilidade jurídica no caso) e refez a listagem anterior de acordo com os conceitos de categorias de uso de caráter local de índice 1 e os de caráter diversificado de índice 2 e 3. Não exatamente como entendemos ser correto, mas quase.

É importante o leitor estar atento a essas questões, mesmo não sendo especialista na matéria, para perceber que se pode tentar descaracterizar todo sistema de zoneamento sem aparentemente estar mudando grande coisa. *A legislação de regulação urbanística é montada segundo uma lógica clara*, e as mudanças que estão sendo anunciadas são preocupantes.

Mas, voltando aos tipos em vigor até a aprovação do Plano Diretor 2002, vimos que os tipos que relacionam comércio e serviços apenas local com a moradia estão incipientemente aplicados na prática em São Paulo. Foi na minha gestão que se fizeram os maiores avanços com esse objetivo. Aperfeiçoei as zonas Z9, Z10, Z11, Z12, Z13, Z14, Z15, Z16, e também criei as zonas Z17, Z18 e Z19.

Acreditamos que agora será possível dar um grande salto de qualidade ampliando-se o leque de opções de tipos de zoneamento, especialmente nas categorias até agora com poucas opções, que são as da família estritamente residencial e as famílias de tipos de zonas que mesclam habitação com comércio e serviços verdadeiramente locais.

Nas discussões para elaboração dos Planos de Bairro, acredito que um número enorme de bairros vai preferir um tipo de zona da família que mescla residência com apenas comércio e serviço local. E isso será tanto mais possível de se fazer quanto menos maduro estiver o processo de transformação dos tecidos urbanos. Ou, dito de outro modo, quanto menos central for o bairro dentro da estrutura urbana.

Os cidadãos em seus bairros só não o fizeram até agora por desconhecerem totalmente essa possibilidade. Escolherão as centralidades que a realidade dos fatos demonstrar serem mais possíveis, utilizando-se dos tipos básicos de tecido urbano 1 e 2. Ou partirão de tecidos tipo 3, como nos conjuntos residenciais públicos, aceitando os núcleos comerciais e de serviços como suficientes, ou preferindo poder disseminar no interior do conjunto do bairro os usos locais de comércio e serviço, e portanto escolhendo um tipo de zona da família ZML. Se o conjunto residencial tiver uma parte de casas e outra de prédios, para cada parte escolherão a zona adequada para proteger essas características. Com isso, evitaremos certos processos especulativos. Por exemplo, o conjunto em Pinheiros junto à Avenida Pedroso de Moraes e Rua Teodoro Sampaio, que já ficou famoso pela qualidade de seu urbanismo, de predinhos de três andares. Ele já sofreu uma descaracterização com a aquisição de um desses predinhos por um incorporador, que o demoliu e no lugar construiu uma torre de apartamentos de dez andares, em completo desrespeito àquele belo tecido urbano ali presente. Isso porque ali o zoneamento em vigor é de Z4 (Z4-035). Se tivéssemos então uma zona que protegesse aquele tecido (como a que queremos introduzir, que denominamos ZML-2), ele estaria a salvo das investidas da especulação imobiliária. No caso, seria até mais apropriada a ZER-2, pois os térreos dos pequenos edifícios de três andares do conjunto também são de apartamentos, não existindo nenhum uso de comércio e serviços nesses pavimentos ao rés do chão.

Capítulo 42
AS ZONAS-CORREDOR

As zonas-corredor podem ser inicialmente zonas como as demais, isto é, puras ou mistas, porém, com o formato linear, abrangendo assim apenas os lotes lindeiros, isto é, que dão frente para uma determinada via, escolhida como diretriz geradora do corredor, até uma determinada profundidade do terreno. Esse é o conceito de zona-corredor adotado pela lei de zoneamento em vigor. Esse tipo de conceito, por exemplo, é o adotado para a zona-corredor Z8-CR2 (caso da Avenida Rebouças) e para a zona-corredor Z8-CR3 (caso da Avenida Faria Lima), em vigor.

Tais tipos de zonas podem ser alocados no Quadro Referencial das Zonas-Corredor que reproduz a organização do Quadro Referencial das Zonas. Chamando as zonas-corredor pela sigla ZC, teremos então a família das zonas-corredor estritamente residenciais, que com os quatro tipos básicos de gabaritos de altura que propomos nos fornecerá as ZCER-1, ZCER-2, ZCER-3 e ZCER-4. Assim, teremos a ZCML-1, ZCML-2, ZCML-3 e ZCML-4. Continuando, teremos para as zonas mistas de mesclagem mais diversificada as zonas-corredores correspondentes, ZCMD-1, ZCMD-2, ZCMD-3 e ZCMD-4.

Podemos ter zonas-corredor homogêneas, isto é, iguais dos dois lados da rua, para quem quer resguardar a qualidade de vida em uma determinada rua no interior de áreas que tenham outra característica ambiental. Poderemos ter zonas-corredor utilizadas como zonas de transição, entre dois tipos de zonas cujo contato é conflitante, como, por exemplo, entre zonas mistas diversificadas e zonas estritamente residenciais, onde esse conflito se exacerba.

É o que se discutirá na capítulo seguinte.

Candido Malta Campos Filho

Capítulo 43
COMO CLASSIFICAR AS ZONAS-CORREDOR
DA LEGISLAÇÃO EM VIGOR?

As zonas de transição entre zonas lindeiras (vizinhas) podem ter regras diferentes para cada um dos lados da rua. Outras zonas-corredor podem ter regras iguais para os dois lados. A atual zona Z8-CR2 deve ser classificada como ZCMD--2, pois permite edifícios com 15 m de altura como gabarito máximo. E a Z8-CR3 deve ser classificada como ZCMD-4, sem limite de altura e com coeficiente de aproveitamento máximo igual a quatro vezes. Exemplos de CR3 são a Avenida Faria Lima e a Avenida Angélica (ver o Quadro Referencial das Zonas-Corredor, que explica as zonas mencionadas).

Quadro 6
Quadro Referencial das Novas Zonas-Corredor Propostas.

Usos	Número de pavimentos			
	Até 2	Até 5	Até 10	> 10
ER	ZCER-1	ZCER-2	ZCER-3	ZCER-4
R+CSL+I1	ZCML-1	ZCML-2	ZCML-3	ZCML-4
R+CSL+CSD+I1+I2	ZCMD-1	ZCMD-2	ZCMD-3	ZCMD-4

ER: estritamente residencial.
R: residencial.
CSL: comércio e serviço locais.
CSD: comércio e serviço diversificados.
I1: indústria não incômoda.
I2: indústria medianamente incômoda.

Quadro 7
As zonas-corredor de transição
existentes até a aprovação do Plano Diretor 2002.

		Número de pavimentos					
		até 2		até 5	até 10		> 10
	ZL	Z1					
	Uso ZL	ER					
Corredor	Lado A	SD					
Z8-CR1	Lado B	SD					
	ZL	Z1	Z9		Z17	Z18	Z2/Z3/Z4
	Uso ZL	ER	CSL		CSL	CSD	CSD+I1
	ZL	Z1	Z9				
	Uso ZL	ER	CSL				
Corredor	Lado A			CSD (até 3 pav.)			
Z8-CR2	Lado B			CSD (até 3 pav.)			
	ZL	Z8-100/1[1]			Z17	Z18	Z3/Z4/Z13
	Uso ZL	CSD[2]			CSL	CSD	CSD
	ZL	Z1			Z17	Z18	Z2/Z3/Z4/Z10/Z12
	Uso ZL	ER			CSL	CSD	CSD
Corredor	Lado A	SD			CSL	CSD	CSD
Z8-CR4	Lado B	SD			CSL	CSD	CSD
	ZL	Z1			Z17	Z18	Z2/Z3/Z4/Z10/Z12
	Uso ZL	ER			CSL	CSD	CSD
	ZL	Z1					
	Uso ZL	ER					
Corredor	Lado A	SD					
Z8-CR5	Lado B	CSL			CSL		CSL
	ZL	Z9			Z17	Z18	Z3/Z4/Z10/Z12
	Uso ZL	CSL			CSL	CSD	CSD
	ZL	Z1					
	Uso ZL	ER					
Corredor	Lado A	ER					
Z8-CR6	Lado B	CSL			ER (até 9 pav.)		ER (até 12 pav.)
	ZL	Z9			Z17	Z18	Z3/Z4/Z10/Z12
	Uso ZL	CSL			CSL	CSD	CSD

ZL: zona lindeira.
ER: estritamente residencial.
SD: serviços diversificados selecionados.
CSL: comércio e serviços locais.

CSD: comércio e serviços diversificados.
I1: indústria não incômoda.
Notas: [1] zona rural de expansão urbana; [2] quando ZL é loteamento popular.

Candido Malta Campos Filho

As ZC, zonas-corredor, reproduzem em formato linear a mesma tipologia de usos e coeficientes de aproveitamento das zonas "manchas", com regras próprias de profundidade e recuos de fundo e laterais conforme o caso.

Vamos falar agora das zonas de transição (veja o Quadro 7, ao lado). A única zona-corredor que não é uma zona de transição é a Z8-CR3.

Na legislação vigente, as *zonas de transição* foram criadas durante a minha gestão, de 1976 a 1981, à frente da COGEP (Coordenadoria Geral de Planejamento da Prefeitura Municipal de São Paulo), atual SEMPLA (Secretaria Municipal de Planejamento), para proteção das Z1 e de zonas de preservação ambiental. As zonas de transição são do tipo *zonas mancha*, no caso das Z9, Z11, Z15, Z17 e Z18, e do tipo zonas-corredor no caso das Z8-CR1, Z8-CR4, Z8-CR5 e Z8-CR6.

Como vimos, as *zonas-corredor* Z8-CR2 e Z8-CR3 não são propriamente zonas de transição. Mas a zona Z8-CR2 pode ser, em alguns casos, usada como tal, como é o caso da Avenida Rebouças, a qual, como Z8-CR2, tangenciando a Z1 dos Jardins América e Paulistano, os protege. Embora o uso seja diversificado, o gabarito máximo de altura de apenas 15 m, ou seja, cerca de cinco pavimentos, do lado da Z1, protege o bairro parcialmente.

O corredor Z8-CR4, quando tem zonas lindeiras Z2, Z3, Z4, Z13, Z17 e Z18, restringe na via os usos geradores de muito tráfego que podem estar atuando no interior destas zonas.

Capítulo 44

O ZONEAMENTO FINAL RESULTANTE:
UMA APARENTE COLCHA DE RETALHOS
RECOBRINDO UM PALIMPSESTO

O zoneamento final, aplicados os conceitos por nós defendidos, resultaria numa aparente colcha de retalhos. Na verdade, corresponderia aos estilos de vida devidamente respeitados de cada bairro, os quais podem ser mais homogêneos ou heterogêneos, o que ainda não se sabe. *Só saberemos após os estilos preferidos pela maioria serem levantados mediante a consulta propiciada pelos Planos de Bairro, inseridos nos Planos Regionais.* Por sua vez, essa escolha recobrirá um verdadeiro palimpsesto, isto é, um papiro ou pergaminho cujo texto primitivo foi raspado para ser substituído por outro.

Uma cidade, em sua história, vai acumulando camadas arqueológicas de suas estruturas e tecidos passados, resultando em um tecido urbano tipo colcha de retalhos. Melhor dizendo, várias colchas de retalho sobrepostas, tanto mais colchas quanto mais antigo for o bairro. Benedito Lima de Toledo fala, referindo-se a São Paulo, em três cidades se sucedendo no mesmo espaço, a de taipa, a de tijolo e a de concreto; cada uma, digo eu, com suas tipologias próprias de tecido urbano.

O essencial a ser retido é que só o controle da qualidade de tráfego em cada via permitirá controlar a qualidade ambiental desejada.

Como a redução do tráfego de veículos em determinadas vias só se alcançará mediante uma reconversão de usuários de automóveis em usuários do transporte coletivo, a combinação-chave para isso a ser obtida é entre o Plano de Uso do Solo e o Plano de Transporte, ainda por se fazer, conforme estabelece o novo Plano Diretor aprovado.

Candido Malta Campos Filho

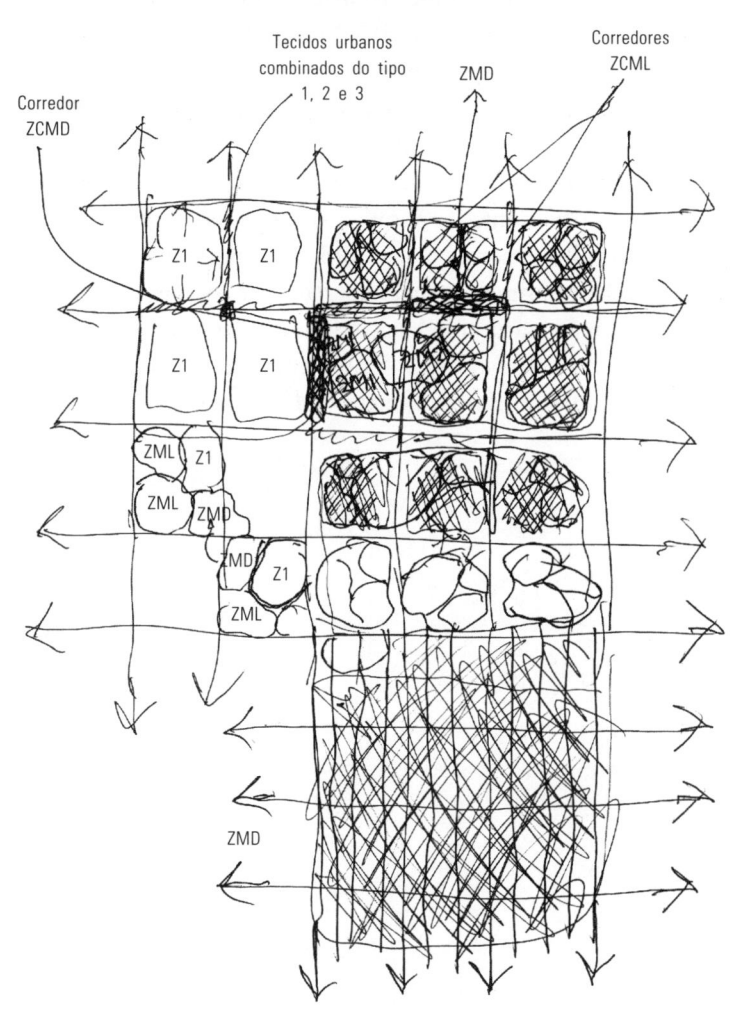

Desenho 68
Como o zoneamento deveria ser.

O zoneamento como deveria ser, isto é, articulado e perfeitamente entrosado com o sistema de circulação, o que está longe de acontecer hoje. Devemos lutar muito para alcançar esse objetivo. E aí teremos uma cidade sem congestionamentos, agradável de se viver nela. Como acontece hoje nas férias e nos feriados compridos, em que se reduz muito a frota de veículos em circulação, principalmente de automóveis.

Reinvente seu bairro

Sem esse controle, teremos a dominância da lógica atual de invasão gradativa do volume de automóveis que, no limite, invadirão todas as vias, o que não levará muito tempo, dado o exíguo sistema viário existente, comprovado pelos congestionamentos crescentes medidos diariamente em quilômetros pela CET (Companhia de Engenharia de Tráfego).

Isso porque os custos de ampliação são impossíveis e indesejáveis para o conjunto da população (o que seria injusto), e mesmo apenas pelos usuários dos automóveis, o que seria justo, mas que serão eles os primeiros a não quererem, se compararem o custo dessa ampliação viária com o custo muito menor que corresponde à ampliação do transporte coletivo, considerado aí inclusive o muito caro, mas muito bom, metrô subterrâneo.

Capítulo 45
O TOMBAMENTO DE BAIRROS

O tombamento de bairros é a definição legal pela qual o desenho urbanístico ou, na terminologia que estamos utilizando, o *tecido urbano* do mesmo é considerado de qualidade suficiente para ser considerado patrimônio ambiental.

Os órgãos de defesa do patrimônio artístico, histórico e ambiental existem em três níveis: IPHAN (nível federal), CONDE-PHAAT (nível estadual) e COMPRESP (nível municipal, no caso de São Paulo).

O tombamento foi conseguido nos níveis estadual e municipal para os seguintes bairros, por ordem de obtenção: 1) Jardim América (City), Jardim Europa, Jardim Paulista e parte do Jardim Paulistano; 2) Pacaembu (City); 3) Jardim Lusitânia; e 4) Jardim da Saúde. Com pedidos de tombamento, estão esperando definição os bairros Alto da Lapa (City) e parcela final do Jardim Paulistano, ao que estou informado.

Outros bairros poderão se candidatar a pedido dos moradores, com aval de historiadores e arquitetos-urbanistas.

O tombamento de bairros tem contribuído para defendermos nosso patrimônio ambiental urbano da sanha especulativa.

Ele tem sido definido para o traçado viário e, ao mesmo tempo, para a volumetria básica dos edifícios e para os espaços verdes externos aos lotes, ou públicos, e os internos aos lotes.

Com isso, os proprietários das casas podem demoli-las, para substituírem por outras edificações mais de acordo com suas necessidades e gostos sem problema, desde que aquelas condições acima mencionadas de manutenção da volumetria e da proporção da área verde sejam mantidas.

É muito bom que, aos poucos, os exemplos mais significativos de tecidos urbanos típicos de qualidade reconhecida possam ser tombados, de um lado para conferir-lhes o *status* de exemplos a serem seguidos, e de outro, constituindo-se em proteção adicional à da regulação urbanística. Isso porque os colegiados decisores sobre os tombamentos são compostos em sua maioria por especialistas no assunto, indicados por órgãos de grande respeitabilidade pública.

Ultimamente, no entanto, muitas decisões que têm desagradado a comunidade preservacionista vêm sendo tomadas. Isso nos obriga a retomar nossos esforços para influenciar positivamente os seus membros e os que os escolhem para compor esses colegiados.

Veja-se, por exemplo, recente decisão quanto à área envoltória de 300 m no entorno de um bem tombado, como exige a lei estadual que regula as atividades do CONDEPHAAT. No que se refere ao Instituto Biológico, está sendo permitida a construção de prédios de 10 a 20 andares no seu entorno, tirando totalmente a importância ou aura que envolve tal edifício, situado no limite entre a Vila Mariana e o Ibirapuera. Ver Desenhos 32 e 33, referentes a parecer que dei à Associação de Moradores de Vila Mariana, no qual propus que se instituísse uma tipologia de tecido urbano de no máximo quatro pavimentos, que deveria ser zona do tipo ZML-2 segundo o Quadro Referencial das Novas Zonas que estou propondo neste texto (Quadro 4), com mesclagem de usos residenciais com comércio e serviços locais.

Candido Malta Campos Filho

Capítulo 46
OS PLANOS DE BAIRRO E AS ESCOLAS

Em São Paulo, nos anos de 1990 e 1991, elaboramos para a FDE (Fundação para o Desenvolvimento da Educação), da Secretaria de Educação do Governo do Estado, seis planos diretores de bairro de caráter pioneiro no Brasil. Tratou-se da primeira elaboração de planos diretores de bairro de modo participativo. Devido à preocupação da FDE com a inserção de escolas de 1º e 2º grau nos bairros, buscando evitar especialmente a depredação constante dos edifícios, por meio de seu presidente Cesar Callegari, hoje deputado estadual pelo PSB (Partido Socialista Brasileiro), quis que houvesse uma participação maior da comunidade no seu planejamento. Propusemos que se desenvolvessem Planos Diretores do bairro onde a escola estava sendo construída, com a participação da direção da escola, quando houvesse, e da associação de moradores que reivindicava a escola. No município de São Paulo, foram elaborados os Planos Diretores de Bairro para o Jardim D. José, na estrada de Itapecerica, e o Jardim São Carlos, na zona leste, na Estrada do Imperador, região da Vila Matilde.

Foi uma excelente experiência pedagógica com o sentido de relacionar escola e comunidade, mas que infelizmente foi só parcialmente praticada.

Essa experiência é, aliás, uma orientação pedagógica assumida na França, Itália e Espanha, e também nos Estados Unidos e Inglaterra, para comunidades socialmente carentes, nas quais se espera que a relação escola-comunidade dê mais concretude aos ensinamentos, interessando mais os alunos no processo de aprendizagem. Essa ideia é a orientação básica do consagrado educador brasileiro Paulo Freire, que possivelmente influenciou as citadas experiências estrangeiras.

Na América Latina, a Argentina, ou melhor, Buenos Aires, com seu prefeito agora eleito pelo povo, está desenvolvendo um aprofundamento dessa nova pedagogia, em que as questões urbanas assumem importância no aprendizado da criança.

Veja-se por exemplo o texto coordenado por Silvia Alderoqui, arquiteta e pedagoga, e Pompi Penchansky, *Ciudad y ciudadanos,*[5] relatando tal experiência.

No Brasil, tal encaminhamento está ainda incipiente, mas com um grande potencial de desenvolvimento futuro, no qual a escola, assumindo um papel de produtora de conhecimento da comunidade, envolvendo os pais, mestres e crianças, estará, juntamente com as associações de moradores e outras entidades atuantes no bairro, desenvolvendo um papel protagonista em pensar o futuro do bairro.

Isso deve ser feito inserindo-o no contexto regional, ensejando um controle não clientelístico do poder público, desenvolvendo um aprofundado processo participativo de ação governamental, onde ganha a ideia de democracia.

---

[5] Buenos Aires, Paidós, 2002.

Capítulo 47
A QUESTÃO DA REGULARIZAÇÃO
FUNDIÁRIA E EDILÍCIA

A maioria dos loteamentos historicamente desobedeceu a legislação própria. Isso significa que as ruas nem sempre obedeceram a largura mínima, que, ao longo do tempo, vem diminuindo. No início, em 1916, a largura mínima de uma rua era 16 m (como se vê ainda hoje no Alto da Boa Vista e Cerqueira César). Na década de 1930, no Código Saboia, que continha toda a legislação urbanística em vigor, admitiram-se ruas particulares de até 6 m de largura, mas as ruas públicas tinham que ter no mínimo 12 m. Na década de 1970, na gestão seguinte à minha, admitiu-se rua pública com 10 m de largura com tolerância para 9 m.

Ao legalizarem-se loteamentos com ruas de menos de 10 m, as calçadas praticamente deixam de existir. Às vezes, elas têm apenas 50 cm de largura. As ruas com essa largura fazem com que o tráfego de veículos fique muito difícil, especialmente quando estaciona-se no meio-fio. E o tráfego de pedestres torna-se muito perigoso, especialmente para idosos, crianças e deficientes físicos, que passam a andar pelo meio da rua.

Os loteamentos com largura de rua mais generosa, do tipo 15 a 16 m, hoje encontram-se quase todos no Centro Expandido, ou seja, na região entre os rios Tietê e Pinheiros, fechando com o minianel viário.

Tal região corresponde à Macrozona Consolidada. Na região metropolitana seguinte, que corresponde à Macrozona em Consolidação, predomina o número de loteamentos com largura de via de 10 m ou menos. E, nas macrozonas seguintes, não saberia afirmar qual é a largura média das ruas, mas creio que seja da ordem de 6 m. No interior de favelas, não existem ruas mas sim vielas sem continuidade, muitas vezes formando um verdadeiro labirinto.

A regularização fundiária é uma legítima aspiração dos moradores que foram compelidos a ocupar ou comprar terrenos nessa situação. Isso quando se trata, obviamente, de moradores sem opção, isto é, cujo poder aquisitivo não lhes possibilita adquirir ou alugar imóvel previamente legal, que supostamente teria padrão e preço correspondente superior à sua capacidade aquisitiva.

Mas o processo histórico que se percebe é, então, um rebaixamento dos padrões exigidos para os loteamentos, no que se refere à largura das vias, e também uma redução de padrão de exigências quanto às áreas doadas pelo loteador para a Prefeitura para se tornarem áreas verdes e áreas institucionais, ou seja, áreas para escolas, creches e postos de saúde.

Os loteamentos irregulares, também chamados de clandestinos, não seguem os padrões legais e com isso caracterizam qualidade urbanística muito baixa, prejudicando enormemente seus moradores, em geral de menor renda.

Outra questão refere-se à regularização edilícia. Ou seja, dos edifícios construídos, por exemplo, sem os recuos obrigatórios por lei ou com área superior à permitida. Nesse caso, a família ou o proprietário do negócio precisa de uma área maior, mas não tem recursos para comprar um terreno mais amplo que permitisse que a lei fosse obedecida.

O resultado final dessa desobediência é um tecido urbano pouco qualificado, o qual provavelmente exigirá no futuro requalificação estrutural como a realizada em Madri em sua periferia, que tomou 20 anos de ação ininterrupta da prefeitura local.

Não se pode, no entanto, confundir alhos com bugalhos. Uma coisa é a regularização em que a população é vítima de um processo perverso de produção, apropriação e consumo do espaço urbano, e outra coisa é a regularização de transgressores de classe média ou alta, que desobedecem a lei apenas para lucrar mais. Isso, no nosso entendimento, é uma prática imobiliária especulativa, como construir andares a mais em um prédio de apartamentos ou de escritórios, fora da lei.

Nesses casos, em que se vê a ação de uma burguesia predatória, não se pode aceitar tal imposição por fatos consumados. É um exercício de força política que desrespeita os fundamentos da democracia que é o respeito pelo Estado de Direito. Além de estragarem desnecessariamente o tecido urbano, porque no geral, além de reduzirem áreas verdes, contribuem para o congestionamento viário com seus prédios maiores, tais procedimentos produzem problemas de ventilação e insolação para os vizinhos. A sua legalização corresponde à desmoralização do planejamento legal. A desmoralização da ação legal, resultado de um planejamento, corresponde ao impedimento da manutenção da pouca qualidade urbanística onde ela ainda existe e ao impedimento da desejada e merecida melhoria por quem vive ainda em tecidos urbanos de baixa qualidade. O Estado se torna impotente diante dos depredadores urbanos.

Como vimos, ir baixando os padrões legais urbanísticos oficiais e reais ao longo do tempo tem sido a regra, aqueles a reboque destes. Algumas prefeituras chegam a optar por não ter padrão algum de qualidade urbanística exigido por norma legal. É uma grande equívoco. Equivale a se ir reduzindo os níveis de salário mínimo legal, com se isso atendesse aos interesses dos trabalhadores e da população em geral. Da mesma forma que lutamos por aumentar o salário mínimo, como padrão de referência, temos que elevar os padrões que definem um mínimo de qualidade urbanística. Temos que definir um direito urbanístico mínimo, como parte dos direitos dos cidadãos, e disso não abrir mão. Ajude, cidadão, a defini-los.

Capítulo 48
O FOCO NOS NEGÓCIOS
AO INVÉS DO FOCO NA MORADIA
E A ESPECULAÇÃO IMOBILIÁRIA
COMO "ESTIMULADORA" DO EMPREGO

É comum ouvirmos dos especuladores imobiliários que, permitindo-se construir prédios de maior altura ou com mais metros quadrados em um mesmo terreno, ou permitindo-se construir onde é proibido, aumenta-se a oferta de empregos.

Essa afirmação só seria verdadeira caso o zoneamento fosse restritivo como um todo, de modo que a oferta de potencial construtivo fosse inferior à demanda dos interessados em construir.

Ocorre que, como vimos, o potencial construtivo para todos os usos que se deseja é muito superior à demanda. Avaliando esse número pela oferta global do atual zoneamento, vemos que o potencial construtivo disponível permitiria abrigar o total das atividades hoje existentes. Dito de outro modo, pode-se dobrar a atual cidade que abriga 10 milhões de habitantes. Essa é a ordem de grandeza da citada oferta de potencial construtivo que corresponde aos direitos de construir já disponíveis, isto é, ainda não utilizados.

Mas o que os especuladores querem é construir mais e mais nos bairros de maior prestígio, sem se preocupar com a sobrecarga em relação à infraestrutura e à qualidade ambiental decorrente.

É necessário, no entanto, discutir se as áreas possíveis de serem ocupadas pela população empobrecida são suficientes. Mas a questão não está na existência de uma disponibilidade física, e sim no preço alto a ser pago para esse acesso.

Para conseguir que o preço desse acesso se torne compatível, é necessário implementar políticas públicas que consigam, de um lado, baixar o preço dos terrenos e aluguéis e, de outro, ampliar a oferta pública de habitação popular. O Estatuto da Cidade definiu um conjunto de instrumentos de indução do mercado imobiliário para a redução do custo dos terrenos — destacadamente a urbanização compulsória e o IPTU progressivo no tempo sobre imóveis subutilizados — os quais, para serem implementados em São Paulo, dependem ainda de medidas complementares ao Plano Diretor, conforme expressamente previsto. E o Plano Diretor definiu Zonas Especiais de Interesse Social (ZEIS) que correspondem a um zoneamento que visa criar áreas especialmente destinadas a habitação popular, para induzir maior oferta.

O cotejo para verificar se existe oferta suficiente de potencial construtivo para cada atividade (ou uso, como é denominada a atividade pela legislação de zoneamento tradicional) tanto pode como deve ser feito, mas estou convencido de que a oferta é mais que suficiente. E um raciocínio básico será suficiente para sustentar essa posição.

A oferta global é o dobro da demanda. É pelo menos o dobro, pois chega-se a esse montante mesmo sem contar o aumento potencial contido na diretriz das Áreas de Intervenção Urbana que triplica essa oferta, se implementada, mas que depende para isso, como vimos, de cálculo da capacidade de suporte do Sistema de Circulação. E, pelo zoneamento, praticamente todos os usos podem se localizar em quaisquer das Z2, Z3, Z4, Z5, que somam aproximadamente 90% do espaço urbano da cidade. Podem inclusive abrigar legalmente as lojas de decoração da Gabriel Monteiro da Silva ou as lojas de automóvel da Rua Colômbia e Avenida Europa, que estão ilegais em corredores que permitem apenas serviços, e não comércio nem *show-rooms*. Falo isso com segurança, pois sou o autor técnico dessa lei, definida durante minha gestão à frente da Secretaria de Planejamento da PMSP.

Desse modo, argumentar que as restrições atuais provocam uma redução da oferta de emprego é uma inverdade. Basta a atividade de comércio e serviços se situar onde ela é permitida e isso poderá ser feito em 90% do território urbano do município.

Não se poderá dizer que, por exemplo, uma loja de idênticas dimensões oferece mais empregos se situada na Rua Melo Alves ou na Gabriel Monteiro da Silva, pois estão há poucos quarteirões uma da outra! É óbvio que tanto faz!

Esse argumento da oferta de empregos é sempre brandido por especuladores que querem a possibilidade de ter uma valorização imobiliária, quando ela é impedida pelo zoneamento. O comércio pode pagar preços imobiliários mais altos que os serviços. E é só por isso que o comércio invadiu onde apenas os serviços são permitidos! Essa é a verdade.

Os argumentos que temos em relação à oferta de empregos apontam exatamente no sentido contrário. À medida que a cidade vai se congestionando por excesso de prédios e prédios muito altos, ou excesso de lojas em determinada área, como em corredores de transporte (que como vimos é de sua lógica intrínseca na busca de clientela), o que teremos será um aumento do que os economistas chamam de "deseconomias de aglomeração". Dito de outro modo, os prejuízos coletivos serão produzidos pelas horas perdidas no trânsito de pessoas e mercadorias, pelo combustível gasto a mais, pelo desgaste dos veículos e ainda por todo o tipo de poluição decorrente: a poluição do ar, a poluição sonora e a poluição difusa resultante da lavagem das vias pelas chuvas, sujas de óleo, fuligem, pó de fios metálicos e da borracha resultante do desgaste dos pneus etc.

Um enorme prejuízo que, conforme vai aumentando, como vem acontecendo há muitos anos, vai atingindo um ponto crítico, e faz com que empresas desistam de se instalar em São Paulo e prefiram Curitiba, por exemplo, uma cidade mais bem-planejada. Ou saem de São Paulo e vão para outra cidade, do interior do estado, como está acontecendo em escala crescente.

Aí sim, vê-se um claro vínculo entre a especulação imobiliária e a perda de emprego. Deve-se, assim, combater antes de mais nada todo tipo de especulação imobiliária, se quisermos ter um aumento da oferta de emprego com sustentabilidade social e ambiental.

Outro argumento com foco nos negócios que tem sido levantado com cada vez maior frequência é que se o emprego ficar mais perto de você, você terá que se deslocar menos na cidade. E isso é uma verdade inquestionável.

Mas perto de você não precisa ser dentro de sua casa ou ao lado dela, embora possa ser uma opção, se você o quiser. Mas existem outras soluções de ficar perto, a uma distância a pé, sem ficar do lado ou dentro de seu terreno.

Desenho 69
Como o emprego pode ficar perto de você
sem incomodar a sua moradia.

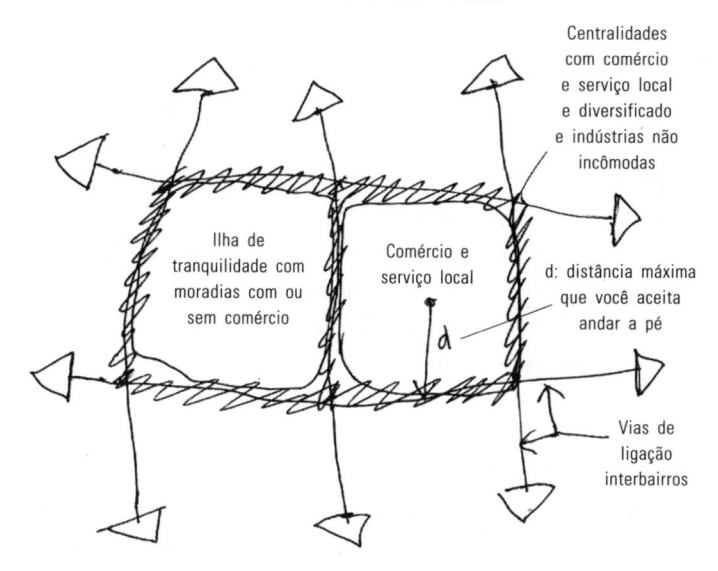

Centralidades com comércio e serviço local e diversificado e indústrias não incômodas

Ilha de tranquilidade com moradias com ou sem comércio

Comércio e serviço local

d: distância máxima que você aceita andar a pé

Vias de ligação interbairros

Os que querem viver em ambientes tranquilos, devem poder ter essa possibilidade. Ao invés de poucas "ilhas de tranquilidade" para poucos, defendo, junto com o Movimento Defenda São Paulo, muitas "ilhas", tantas quantas sejam necessárias para atender todos que quiserem nelas viver. As vilas e as ruas sem saída são pequenas ilhas de vida tranquila nessa cidade de tráfego revolto.

Elas são exemplos a serem seguidos e isso é possível de ser feito através de bolsões de tráfego, já previstos em lei e pelo novo Plano Diretor, também já em vigor. É preciso colocar essa diretriz em prática, e a consulta à população sobre esse assunto é uma questão-chave para você, cidadão consciente — e o emprego poderá ficar próximo de sua moradia sem que ele perturbe você além da medida que está disposto a aceitar.

A ideia de unidade ambiental de moradia prevê soluções para isso há muito tempo, exatamente desde 1929, quando o urbanista norte-americano Clarence Perry concebeu a "neighborhood unit", a unidade de vizinhança. Ela significa distinguir uma área mais ou menos tranquila de moradia, com ou sem comércio e serviço local no seu interior, oferecendo a você mais de uma opção, conforme os tipos de tecido urbano de sua preferência, em termos de altura dos edifícios e modo de situá-los nas quadras, contínuo ou descontínuo, conforme as tipologias básicas apresentadas.

Esse é o principal ponto para o qual quisemos chamar sua atenção. É uma opção sua a ser feita dentro da dinâmica de desenvolvimento da cidade. Não é uma força natural sobre a qual não temos controle, como uma frente fria que traz chuvas e frio. É um processo social que, se quisermos controlar, e se atuarmos conjuntamente, controlaremos.

Dentro do processo histórico de transformação da organização do espaço urbano, temos como atuar, exigindo que o sistema de circulação seja planejado em conjunto com o zoneamento. São esses os fatores determinantes do futuro de seu bairro e do futuro da cidade. Exerça o seu papel de cidadão consciente exigindo que a Prefeitura de São Paulo cumpra o seu papel. Só reverteremos a degradação gradativa e agora já acelerada de nossa qualidade de vida quando a nossa força de cidadãos superar a de cidadãos especiais. Sobre isso, a questão da boutique Daslu é emblemática, onde estranhas alianças políticas simulam defender o interesse coletivo, mas na verdade defendem interesses dos que, para ganhar, depredam a nossa qualidade de vida (ver a respeito o texto "Daslu: um caso emblemático", no final deste volume).

Apêndice

TEXTOS CONEXOS
RECENTES

i.
BURGUESIA AMBIENTALISTA *X* BURGUESIA PREDATÓRIA

(Texto publicado em O *Estado de S. Paulo*, 28/8/2002)

"Não se trata de picuinha de rico contra rico. É sobre gente que gosta de cidade contra gente que não se importa com ela", analisa Woody Allen, comentando seu novo filme que continua seu caso de amor por Nova York, *The Curse of Jade Scorpion*, protagonizado pelo próprio Allen, que é uma comédia, mas que leva extremamente a sério sua campanha de preservação urbanística.

("Woody Allen luta pela Manhattan que se vai", O *Estado de S. Paulo*, Caderno Cidades, p. 3, 19/8/2001)

PICUINHA DE RICO CONTRA RICO, ELES QUE SE ENTENDAM?

Podemos entender que uma parcela crescente da burguesia* vai aos poucos abraçando um novo humanismo, aquele que percebe que o futuro da humanidade neste planeta corre sérios riscos, se não prestarmos atenção aos processos de alteração do equilíbrio ambiental produzidos pela crescente tecnificação da produção e aumento do consumo de bens produzidos e naturais.

Essa percepção de processos sociais de longo prazo significa a aceitação de valores sociais não imediatistas e uma separa-

---

* Entende-se neste texto a burguesia como composta não apenas pelos que detêm os meios de produção. Aqui o conceito inclui também as denominadas classes média e média alta, constituídas por pequenos e médios empresários e por profissionais liberais com salários elevados.

ção, por assim dizer, entre os valores monetários e os valores relacionados ao que podemos denominar qualidade de vida.

A burguesia humanista se contrapõe a esse imediatismo associado a um individualismo extremo, hedonista, pelo qual, para os prazeres do momento, tudo vale, mesmo que seja predando a sociedade crescentemente injusta, que deriva desse processo, e também predando o meio ambiente.

Certos lemas, até transformados em novelas e programas de televisão, como "Vale tudo por dinheiro", são popularizados, correspondendo a valores sociais que buscam ganhar hegemonia na sociedade, transformando-se em fonte de lucro para poucos. A burguesia que defende esses valores ostenta sua riqueza e expõe socialmente sua imagem na mídia, afirmando-os com vigor.

Às vezes culturalmente pouco informada, os abraça ingenuamente, na crença de que sejam valores socialmente positivos, sem se aperceber do caráter predatório neles embutidos para a sociedade em seu conjunto.

Outros agem de modo dividido: para sua moradia vale a preservação ou melhoria da qualidade ambiental, mas no trabalho ou no investimento, predam a sociedade e o meio ambiente.

A maioria, no entanto, transplantada recentemente do meio rural para o urbano, ou de pequenas cidades para as grandes, vivendo em cidades que crescem desmesuradamente em apenas uma geração, perde a escala urbana anterior de referência e fica nas mãos da mídia, cada vez mais refletora e causadora de uma sociedade imagética, com suas informações no formato de pequenas notícias que pouco explicam e permanecem em nível superficial. Ao invés de uma informação crescentemente ordenadora, tem-se uma desconstrução dos poucos padrões sociais e urbanísticos até então estabelecidos.

Nesse campo social desestruturado, desenvolve-se a ideologia dos predadores hedonistas, que só enxergam o ganho imediato de vantagens pessoais enquanto indivíduos, os quais não medem as consequências no tempo, para a história da sociedade onde estão inseridos.

Imaginam-se muito avançados, desconstruindo o Estado e suas instituições de controle.

A burguesia ambientalista, ao contrário, vai cada vez mais percebendo os entrelaçamentos sociais no tempo e no espaço natural. Vê-se como parte de conjuntos sociais cada vez mais abrangentes, e vê a denominada globalização mais como um movimento no sentido de ampliação da solidariedade planetária, tendo em vista a finitude do meio natural, sob risco de colapsos parciais na direção de colapsos de ecossistemas cada vez maiores (como o esquentamento do planeta), do que apenas um espaço mais amplo para a circulação do capital, seja o produtivo, seja o especulativo.

As instabilidades financeiras crescentes, que atingem inclusive o Brasil, estão exigindo que se estabeleça um controle internacional dos fluxos financeiros desestabilizadores, para trazer ao capital produtivo a estabilidade concorrencial que lhe permitirá o crescimento simultâneo da capacidade produtiva e dos mercados consumidores, como ocorrido nos denominados "30 anos gloriosos", após a Segunda Guerra Mundial.

Percebem ainda os ambientalistas que o combate à especulação financeira é irmão do combate à especulação imobiliária, como prova a atual estagnação econômica do Japão, derivada da quase falência do seu sistema financeiro, afundado em créditos podres fornecidos a negócios imobiliários especulativamente inflados, em um gigantesco movimento altista dos preços de imóveis naquele país.

Querer se evadir desse complexo de condicionantes sociais é o que tentam fazer os burgueses predadores, ao se refugiar em uma visão individualista da sociedade. Agem como avestruzes, que em caso de perigo enterram a cabeça no chão.

Mas, felizmente, cada vez mais burgueses desinformados ou pouco informados percebem o jogo de soma negativa em que se meteram, ao sofrerem a violência da sociedade que ajudaram a construir.

E assim, aos poucos, se tornam burgueses ambientalistas e produtivos, vista esta tarefa produtiva como uma tarefa do trabalho humano que respeita as leis da natureza e que contribui também para a construção de uma sociedade mais justa.

Nós, burgueses ambientalistas, devemos nos unir às forças da sociedade que somem na direção da produção de um ambiente social e natural sustentável, especialmente aquelas socialmente excluídas e sujeitas a se instalar em ambientes degradados pelas forças desregradas dos mercados.

Mesmo porque só uma sociedade mais justa, menos desigual, é compatível com um ambiente natural sustentável ecologicamente.

OS PREDADORES URBANOS

Há muitas formas dessa predação social e ambiental acontecer no meio urbano. Os muito pobres o fazem levados pela necessidade e desinformação, por exemplo quando, para morar, ocupam uma área pública destinada à instalação de uma área verde ou uma escola. Com exceção dos invasores espertalhões que têm poder aquisitivo para comprar ou alugar no mercado imobiliário, os realmente empobrecidos muitas vezes não têm outra alternativa para obter sua moradia e se instalam em lugares que apresentam péssimas condições ambientais e até risco de vida.

São muito diferentes daqueles que, instruídos e abonados, desrespeitam as regras urbanísticas para ganhar mais dinheiro. Esses o fazem comprando as vistas grossas de fiscais públicos mediante propina ou contando com a condescendência do poder público, pouco se importando com as consequências da soma desses microatos para o conjunto de uma cidade.

Muitos dos que acusam as regras urbanísticas de elitistas não conseguem perceber que essa mesma elite se divide em burgueses predadores e ambientalistas, e que a distinção entre eles é que os predadores buscam o ganho especulativo e os ambientalistas a qualidade ambiental da cidade, mesmo que à custa do ganho monetário de cunho especulativo.

Ao considerar as regras urbanísticas somente como proteção a privilégios, muitos acabam por apoiar medidas que, ao desregular o regulado, possibilitam e até promovem a especulação imobiliária, ampliadora das desigualdades sociais e por isso reforçadora da desordem urbana. Esses, os especuladores predadores urbanos, espertamente, e outros com certa razão, passam a defender e justificar a desobediência à legislação urbanística como se essa desobediência fosse uma porta aberta aos despossuídos para obtenção de algum lugar no espaço urbano.

Esses espertos ricos especuladores imobiliários buscam se apresentar perante a opinião pública como merecedores de anistias às suas desobediências à legislação urbanística tanto quanto os empobrecidos sem opção. Confundem a opinião pública ao buscar igualar as anistias, às vezes necessárias para os empobrecidos, com a desobediência à legislação urbanística de zoneamento e de loteamento pelos abonados, que tiram proveito dos lucros derivados quase sempre da corrupção que praticam para obter a conivência governamental na produção de fatos consumados.

Assim, equivocadamente, muitos políticos que se imaginam socialmente progressistas, porque apoiam anistias para empobrecidos, apoiam as anistias especulativas para a burguesia predadora, apoiando assim processos sociais produtores de pobreza e degradação ambiental, retroalimentando o lado negativo do processo de desenvolvimento social, produzindo um crescimento maior da violência urbana que a todos nós atinge. Essa é, portanto, uma estranha e contraditória aliança.

O que vimos na aprovação do Plano Diretor para a cidade de São Paulo é a utilização dessa estranha aliança. A moeda de troca utilizada na madrugada, para a obtenção de uma desnecessária quase unanimidade de votos dos vereadores, foram mudanças especulativas de três tipos: criação de corredores de serviços, que logo desejarão ser de comércio, dentro de zonas estritamente residenciais, o que talvez dobre o valor das propriedades; a transformação de zonas estritamente residenciais de grande qualidade ambiental em áreas de comércio e prédios e o mesmo em áreas protegidas de mananciais de água, duplicando em alguns casos e quadruplicando em outros o seu valor, na maioria dos casos produzindo simultaneamente anistia de usos irregulares para cidadãos de muito alto poder aquisitivo, que provavelmente se consideram acima da lei.

As burguesias socialmente progressistas atuantes em São Paulo, que devem provavelmente fazer parte dos que a elegeram, devem fazer ver à prefeita Marta Suplicy a importância do veto a esses casuísmos especulativos predadores ambientais, sejam eles ou não anistiadores dos que obtiveram fraudulentamente a sua permanência ilegal no espaço da cidade, desmoralizando as novas regras urbanísticas que se quer estabelecer para a cidade. Como é fácil verificar, os casuísmos aprovados estão em flagrante contradição com as mesmas regras. De duas, uma: ou valem os casuísmos aprovados ou as regras do plano. As duas juntas geram uma incompatibilidade lógica que não será difícil provar judicialmente. Vetando tais dispositivos destruidores da autoridade da lei enquanto norma pública, a prefeita restaurará a credibilidade que um plano deve ter para ser respeitado e nos ajudará a ver na Câmara Municipal quem está ao lado da predação e quem está ao lado da melhoria de nossa qualidade de vida. Caso contrário, teremos mais um plano nascido desmoralizado, para provavelmente ficar nas prateleiras para inglês ver.

ii.

A MAIS GRAVE LACUNA
DO PLANO DIRETOR ESTRATÉGICO
(Texto publicado no *Jornal da Tarde*, 3/9/2002)

Há uma questão muito grave ainda não resolvida no Plano Diretor para a cidade de São Paulo aprovado a semana passada e dependendo de sanção pela prefeita Marta Suplicy, e que por si só esvazia toda a sua capacidade de solucionar os nossos principais problemas urbanos, que são: 1) congestionamento crescente, cuja solução depende do metrô ser substancialmente ampliado e este hoje está nas mãos do Governo Estadual enquanto capacidade financeira e administrativa para executar tal ampliação; 2) enchentes que dependem dos piscinões com obras implantadas com dinheiro estadual e terreno municipal; 3) favelados, moradores de rua e invasores dos mananciais, que para obterem moradia dependem de subsídio a ser obtido principalmente de fartos recursos hoje apenas disponíveis na CDHU (Companhia de Desenvolvimento Habitacional e Urbano) do Governo Estadual; 4) mananciais, que vão sendo perdidos por invasão principalmente de empobrecidos, o que para a sua solução, além do citado investimento habitacional subsidiado, que será principalmente estadual, depende de nova lei estadual de proteção aos mananciais em discussão no Poder Executivo e Legislativo estadual. *Essa questão grave não resolvida, antes citada, refere-se à obrigatoriedade ou não do Governo Estadual e a União de seguir o que estiver definido como norma pelo Plano Diretor Municipal.*

A Constituição Federal, em seu artigo 182, estabeleceu que a única lei municipal obrigatória de ser seguida pelos níveis de governo estadual e federal é a do Plano Diretor Municipal, como condição de a cidade poder cumprir sua função social. Isto é, o legislador federal, sabiamente, percebeu que, se cada nível de governo desenvolver soluções divergentes e até conflitantes entre si, as soluções deixam de ser soluções e podem, na verdade, agravar os problemas que se quer resolver. Por exemplo, se a lei municipal de zoneamento permitir legalmente adensar onde foi previsto uma linha de metrô pelo Plano Diretor, e o Governo Estadual através da Companhia do Metrô não construí-la e construir uma onde o adensamento não está permitido pelo Plano Diretor, os congestionamentos aumentarão onde faltar o metrô e haverá claro desperdício de escassos recursos públicos onde sobrar o metrô.

Para impedir esse danoso comportamento governamental, o constituinte criou as condições legais pelas quais os três níveis de governo, atuantes em uma cidade, coordenem entre si as suas ações, planejando-as em conjunto, na elaboração do Plano Diretor Municipal.

A vinculação legal do Governo Estadual e da União ao Plano Diretor Municipal é clara e inequívoca, e no nosso caso, do Plano Diretor Estratégico de São Paulo, depende de os Planos de Transporte, de Habitação e do Uso do Solo (Zoneamento), ainda a serem feitos, integrarem esse mesmo Plano Diretor.

No artigo 271, define-se que os três planos citados deverão ser elaborados até 30 de abril de 2003, e que deverão ser articulados entre si. Foi um avanço conceitual e prático, pois na proposta inicial do Executivo estavam completamente desvinculados entre si, o que constituía um erro técnico. Não há como desenvolver as soluções para os problemas enfrentados pela cidade se esses três planos deixassem de ser elaborados em conjunto, de modo tecnicamente integrado. Mas, se a articulação técnica passou a ser exigida, faltou definir o vínculo citado.

Conclui-se, assim, que um imprescindível vínculo garantidor de que as soluções técnicas estejam coordenadas entre si, e que o poder político exerça sua liberdade de escolha de suas ações subordinado a essas diretrizes planejadas, ficará dependendo da interpretação se esse vínculo existe não apenas para o que está contido na lei do Plano Diretor, mas também se estende às leis que dele decorrerem, como é o caso de leis complementares, no caso, os essenciais Planos de Transporte, a Revisão do Zoneamento e o Plano de Habitação, que faremos em seguida.

Candido Malta Campos Filho

iii.

DIRETRIZES PARA UMA NOVA LEI
DE PROTEÇÃO AOS MANANCIAIS:
A QUESTÃO DOS LIMITES DA OCUPAÇÃO
DO SOLO PARA FINS URBANOS

(Texto apresentado em reunião do Conselho Estadual do
Meio Ambiente que discutiu o projeto da lei de Proteção aos
Mananciais da Bacia do Guarapiranga do Alto Tietê, 16/5/2002)

O estabelecimento de um novo limite de ocupação na bacia hidrográfica deriva de dois raciocínios:

1) *A não definição de limites máximos para a ocupação das bacias parte do pressuposto de que, conforme a ocupação for se dando, a implantação de sistemas de coleta e tratamento dos esgotos eliminará a única fonte poluidora dos mananciais*, que poderiam comprometê-lo a ponto de, com o encarecimento gradativo do tratamento das águas visando a sua potabilidade, o custo para o consumidor se tornar tão alto que inviabilizaria a sua utilização sem forte subsídio estatal.

2) *Ora, esse pressuposto, aparentemente correto, de que é necessária e suficiente a implantação dos sistemas de coleta e tratamento de esgotos, no nosso entendimento e de muitos especialistas em saneamento ambiental, é incorreto.* Isso porque a poluição difusa com origem nos vários tipos de ocupação do solo não é controlável pelo sistema de coleta e tratamentos de esgotos. *A poluição difusa, difundindo-se por todo o ambiente e especialmente depositada no sistema viário, é levada pelas chuvas e carregada para os mananciais, sem possibilidade de seu desvio para fora dos mesmos por sistemas de canalização ou de retenção definitiva em poços absorventes, devido ao altíssimo volume de águas pluviais produzindo pelo regime de chuvas que vige na bacia.*

3) *Por essa razão, a cumulatividade da poluição difusa nas águas e no lodo do fundo das represas exige um seu controle por monitoramento para saber se estamos nos aproximando, aos pou-*

cos, de níveis críticos para a saudabilidade ambiental, com índices que nos indiquem a velocidade dessa acumulação, de modo a tornar previsível esse parâmetro socioambiental. *Por esse meio será possível, uma vez estabelecido um modelo matemático que represente esse processo, definir um limite máximo de ocupação do solo que evite a perda dos mananciais* para a obtenção de água potável.

O Mqual, modelo matemático até agora utilizado pela Secretaria Estadual de Recursos Hídricos e pela Secretaria Estadual de Meio Ambiente, não levou em consideração até agora essa possibilidade, mas poderá fazê-lo se definido tal objetivo.

4) *Em não se caminhando nessa direção, estaremos indicando, pela Lei Específica que for aprovada, que não há limites a serem fixados, o que incentivará a ocupação completa da bacia, porque não haverá razão técnica para a sua limitação.*

5) É de se lembrar que a *ocupação urbana na bacia produz um processo erosivo do solo, que assoreia a represa e, ao longo dos anos, faz com que a mesma vá perdendo capacidade de reserva de água no reservatório. A retirada do material acumulado no fundo da represa, o lodo, não é possível de ser realizada pois, ao fazê-lo, coloca-se em suspensão, na água que utilizamos como potável, material tóxico decantado nesse lodo, dentre os quais se destaca os cancerígenos e mutagênicos, como os metais pesados.*

6) Por último, a cadeia alimentar, constituída pelas plantas que se alimentam através de suas raízes do lodo do fundo da represa, onde tais materiais tóxicos vêm se acumulando e continuarão a se acumular, fazem com que tais substâncias nocivas, através dos peixes, cheguem a nós, seus consumidores.

7) *Face ao exposto, entendemos ser imprescindível pelo menos o monitoramento dessa acumulação progressiva de substâncias tóxicas nas represas, derivadas da poluição difusa incontrolável, de modo a, sendo necessário, estabelecer os limites de ocupação do solo por tipologia de tecido urbano, preventivamente.*

8) Esse monitoramento periódico, digamos, a cada seis meses, deverá controlar a toxicidade crescente da água, que inclui não apenas a toxicidade que é produzida pelos esgotos que ainda

não foram tratados, mas também, e principalmente, a toxicidade produzida pela poluição difusa não controlável de nenhum modo, a resultante da lavagem das ruas pelas chuvas, que caminha para um ponto crítico. Esse ponto crítico é derivado, de um lado, do aumento gradativo do território urbanizado, e de outro, pela restrição gradativa da capacidade do reservatório devido a seu assoreamento, isto é, da terra carreada pelas chuvas para o reservatório das ruas ainda não pavimentadas e dos terrenos terraplanados e não ocupados, decorrente exatamente do mesmo aumento do território urbanizado. Por isso deve-se exigir que esse monitoramento dos níveis de toxicidade crescente seja feito, correspondente a uma cada vez maior produção de substâncias tóxicas levadas para as represas ao mesmo tempo que se diminui a quantidade de água do mesmo reservatório que poderia diluí-los. Esse monitoramento deve ser feito com medições periódicas, de modo a fazer corresponder, em um modelo matemático, de um lado o aumento do território urbanizado através de cada tipologia de tecido urbano adotado, e de outro a produção, através de cada uma dessas tipologias de tecido urbano levantadas, dos níveis de poluição difusa não controlável pela coleta de esgoto, além dos níveis do assoreamento do reservatório correspondentes a cada tipo de tecido urbano por hectare de território urbanizado.

9) Desse modo, teremos um instrumento científico para prever o momento em que deverá ocorrer a toxicidade crítica que fará perdermos os mananciais. Com essa data prevista com antecedência de muitos anos, será possível revertermos o processo de ocupação dos mananciais, a tempo de salvá-los. É preciso termos muitos anos pela frente para a reversão do processo social em curso, pois o poderio político de tais forças é gigantesco, e só uma mobilização gigantesca da opinião pública produzida pela definição de uma data fatal, com vários anos de antecedência, será capaz de detê-lo a tempo.

iv.

JUSTIFICATIVA DA LINGUAGEM ADOTADA
NO ARTIGO 3º DO PLANO DIRETOR
DOS BAIRROS BRANCA FLOR E CAMPESTRE

(Texto apresentado a Lacir Baudusco,
arquiteto e prefeito de Itapecerica da Serra,
em maio de 2002*)

Tenho procurado desenvolver um modo de exprimir as leis definidoras dos Planos Diretores, tanto os de conjunto para os municípios, quanto os de Bairro, que seja compreendido pelo maior número possível de interessados.

O que é tradicional no Brasil é a utilização de uma linguagem técnica com termos às vezes de pouca utilização na linguagem corrente.

Essa tradição remonta à origem do sistema brasileiro de leis, calçado originalmente no Direito Romano, através do direito desenvolvido nas nações de cultura latina, especialmente, como não podia deixar de ser, do mundo ibérico.

Esse direito parte das leis gerais, as constituições e os códigos, dos quais decorrem as leis mais específicas. É um sistema montado a partir dos níveis superiores para os inferiores.

No mundo anglo-saxão, a tradição é inversa. A Grã-Bretanha, por exemplo, não possui constituição. O direito nasce de baixo para cima, a partir de usos e costumes.

O sistema latino induz a que apenas as pessoas de nível técnico especializado tenham condição de leitura compreensiva, sejam eles advogados, sejam eles técnicos de setores de conhecimento específico.

Isso significa que a interpretação desses textos, muitas vezes com proposital ambiguidade, sejam objeto de disputa legal,

---

* Na ocasião o prefeito acabou acatando nossas ponderações.

Candido Malta Campos Filho

oferecendo a oportunidade de esses técnicos serem chamados para diminuir ou dirimir dúvidas — sendo esses técnicos, muitas vezes, os próprios autores dos textos de difícil interpretação, como vivenciei na Prefeitura de São Paulo. É, portanto, um sistema que produz concentração de poderes em poucas mãos.

O sistema anglo-saxão, baseado nos usos e costumes, conduz a uma linguagem mais coloquial, de mais fácil entendimento para o cidadão comum. São sociedades, as anglo-saxônicas, de mais profunda tradição democrática, como sabemos, comparadas às latinas.

No Brasil, estamos buscando aperfeiçoar a nossa democracia, e com o Estatuto da Cidade, recentemente aprovado, demos importantíssimo passo nesse sentido, ao ser exigida a participação popular na elaboração dos Planos Diretores e na definição orçamentária com aqueles articulados.

A Prefeitura de Itapecerica da Serra está dando um exemplo de importância nacional no aprofundamento dessa prática democrática, ao inaugurar a definição de Planos Diretores de Bairro de modo participativo.

Coerentemente com essa orientação, a Urbe, nosso escritório técnico, está procurando introduzir, sempre que possível, e sem prejuízo da necessária previsão e clareza dos textos legais, uma nova forma que caminhe na direção do direito anglo-saxão.

Isso significa introduzir os "porquês" das orientações fixadas, que um texto dito enxuto evita colocar. Nesse texto "enxuto", os "porquês" ficariam melhor posicionados em relatórios anexos. Isso significa, no nosso entender, deixar margem ampla para a interpretação técnica dos textos legais, retirando poder das pessoas leigas, ao retirar-lhes a possibilidade de exigir a utilização das interpretações presentes no próprio texto, como defendemos.

No caso dos Planos Diretores de Bairro, mais razão ainda existe para a utilização de linguagem menos técnica. Pois temos como interessados e interlocutores cidadãos em geral sem formação técnica, muitos com apenas a formação do ensino fundamental.

O texto que propusemos tem esse sentido especialmente no artigo 3º, que busca resumir nos objetivos específicos o que de mais notável compõe o Plano Diretor de Bairro. Neste, a linguagem mais coloquial que propusemos, especialmente, tinha o objetivo de tornar o texto o mais atrativo possível, evitando a linguagem seca e técnica usual de nossa tradição latina.

O artigo 3º é o que eu penso que será visto e compreendido por todos os interessados na lei, e os demais, penso que serão vistos por um grupo bem menor, pois tenderão a ser percebidos como muito técnicos.

Por isso, entendo ser muito importante a sua manutenção, com esse objetivo.

Procuramos, com a nova versão apresentada, combinar a versão redigida pelos técnicos da Prefeitura com a versão primeira que oferecemos, para com isso conciliar as vantagens de concisão da primeira com as de uma explicação suficientemente completa dos porquês da segunda.

É de se ressaltar que o Plano Diretor Estratégico de Itapecerica da Serra já adotou a linguagem da inserção dos porquês mencionados, e assim está aprovado.

O Plano Diretor de Bairro não deve se desviar desse objetivo, no nosso entendimento.

A linguagem da proposta que estamos fazendo atende basicamente aos objetivos de facilitação do entendimento do cidadão comum, que estamos objetivando.

Como consideramos de grande importância a questão da linguagem que devemos adotar nos documentos de planejamento de Itapecerica da Serra, para que aprofundamos o mais possível o processo democrático, propomos que este texto seja distribuído a todos os interessados nessa questão.

ANTES TARDE DO QUE NUNCA

(Texto publicado na *Folha de S. Paulo*, 15/3/2002)

Em 1980, quando eu, como secretário de Planejamento da Prefeitura de São Paulo, e os técnicos que me assessoravam, discutíamos o que viria a ser a Lei dos Corredores de Serviços, criando as Z8-CR1, que dentre inúmeros outros, criaram esses corredores em zonas então estritamente residenciais (Z1), dentre elas a Alameda Gabriel Monteiro da Silva, a Avenida Brasil, a Rua Colômbia e a Rua Estados Unidos, nos Jardins Paulistano, América, Europa e Paulista, indagávamos se valeria a pena ceder à pressão de alguns poucos serviços instalados, criando o corredor de serviços, ou se valeria mais a pena resistir a ela, mantendo a zona estritamente residencial.

O argumento central daqueles que advogavam a mudança do zoneamento era de que o aumento do tráfego de veículos não mais justificava a manutenção dessas vias como estritamente residenciais, já que tal tráfego inviabilizaria a moradia nesses locais. Obviamente, havia também o interesse especulativo dos proprietários em querer aumentar sua renda imobiliária com a instalação de usos não residenciais, como os de serviços.

Muito ponderamos essas opções naquela ocasião, pois o debate era público e as Sociedades Amigos de Bairro dos bairros de classe média onde tais corredores eram demandados se levantaram contra. Tais serviços queriam se instalar no meio de bairros residenciais pelo atrativo ambiente que oferecem, por serem bairros arborizados onde o estacionamento era mais fácil, com casas bonitas constituindo uma possível clientela.

Entendi naquela ocasião que se cedêssemos apenas para serviços selecionados, os que gerassem o menor tráfego de clientela e de fornecedores, estaríamos estabelecendo um padrão de convivência civilizada entre interesses conflitantes, um exemplo de proximidade entre usos diversificados.

Nos primeiros dez anos de funcionamento da Lei 9.049, aprovada em 24 de abril de 1980, essa convivência civilizada se manteve em grandes linhas.

O que se quer agora, como fizemos inadvertidamente em 1980, é consagrar o princípio do fato consumado, o que é muito perigoso como sabemos. Se a infração continuada no tempo fosse critério da sua legalização, e a prática costumeira de atos ilegais apontasse para a necessidade de absorvê-los como atos legais, teríamos, por exemplo, que pensar em legalizar os sequestros!

Assim é que a SAJEP, uma das mais antigas e atuantes Sociedades Amigos de Bairro da cidade de São Paulo, que sempre atuou em defesa da qualidade de vida de seus moradores e pela centralidade dos bairros em que atua, representa também um interesse-chave para a cidade: a região é um dos seus mais importantes pulmões verdes, o que justificou seu *tombamento* pelo CONDEPHAAT, que é, aliás, um dos atrativos para que o comércio ilegal se instale em seu interior, mas paradoxalmente destruindo-o logo em seguida.

Na maioria dos casos, o comércio derruba as árvores e destrói os jardins que existem na frente das outrora residências onde se instala, pavimentando os recuos frontais para criar estacionamentos, rebaixando guias, instalando enormes placas, faixas e *outdoors*, para tornar o comércio mais visível e atrativo.

É a lógica do comércio entre nós. Não é necessariamente assim em outras cidades do mundo, como Santiago do Chile ou São Francisco, na Califórnia.

Essa destruição ambiental é comprovável por quem conhecia as avenidas Brasil e Europa, as ruas Colômbia e Estados Unidos e a Alameda Gabriel Monteiro da Silva (aliás, esta fazia jus à denominação de alameda, pelas árvores que possuía e que podem ser vistas ainda hoje onde o comércio ilegal não se instalou, nos trechos entre a Avenida Brasil e Rua Estados Unidos, e entre Avenida Brigadeiro Faria Lima e Rua Hungria (Marginal Pi-

Candido Malta Campos Filho

nheiros). Além disso, esse comércio atrai muitos veículos, o que piora ainda mais as péssimas condições de tráfego dessas vias e especialmente das avenidas Nove de Julho e Rebouças, duas das mais importantes artérias de São Paulo.

Ora, resumindo, o que aconteceu com a aceitação por mim da implantação dos corredores de serviços no meio das Z1, pela Lei 9.049/80, não foi o paradeiro civilizado das pressões especulativas imobiliárias com a implantação dos serviços. Viu-se e está se vendo que tal procedimento incentivou o surgimento do comércio de automóveis e de lojas de decoração, principalmente, e mais recentemente de lojas de materiais de construção de grande porte, como as já instaladas Telha Norte, Madeirense e Conibra na Avenida Brasil.

É uma escalada incentivada pela promessa do prêmio da anistia à sua ilegalidade, como inadvertidamente eu mesmo ajudei a dar em 1980.

Esses comerciantes parecem estar tão seguros de sua impunidade que declaram sua surpresa na imprensa com o veredito da Justiça, que obriga a Prefeitura a fechá-los. Como poderiam ter tal expectativa? Imaginam que a justiça se molda sempre a seus interesses?

Se assim foi em nosso país, os ventos estão mudando.

As eleições que acabamos de ter em nossa cidade apontam nessa direção. Sessenta por cento da população, pelo menos, mostrou não aceitar esses métodos de fazer política, que começaram a ser denunciados por uma dona de academia de ginástica, a Soraia, hoje uma figura emblemática entre nós, pela coragem que demonstrou ao ser achacada por fiscais da prefeitura. Hoje, transformou-se em uma figura emblemática do Movimento Defenda São Paulo, ao qual se filia a SAJEP.

Não é com subornos e caixinhas que se deve administrar uma cidade. A Justiça brasileira, para surpresa de muitos, está fazendo cumprir a lei, seja para ricos, remediados ou pobres.

Ora, todo esse relato comprova que anistias incentivam um passo adiante na ilegalidade, ao contrário do que entendi em 1980 como Secretário de Planejamento do Prefeito Olavo Setubal, quando imaginei que ceder um pouco a esses interesses corresponderia a uma convivência civilizada.

Percebe-se que quando cedemos a mão, querem nosso braço. Se cedermos os braços, quererão o nosso corpo inteiro.

É tempo de dar um basta a esse processo histórico de impunidades incentivadoras de mais impunidades. Se acharmos que é tarde para isso, ao invés de colaboramos para dar um fim às infrações, que rapidamente se associam às propinas, estaremos estimulando tais irregularidades.

Não se pode argumentar com aqueles que querem pegar carona nas anistias necessárias nos bairros populares, especialmente favelas, onde o baixo nível de instrução da população se soma à impossibilidade econômica de adquirir terrenos maiores, o que lhe permitiria obedecer aos recuos e lhe daria mais privacidade e segurança contra incêndios, como previsto na Lei de Zoneamento e no Código de Edificações.

Mas se esta população pobre não têm condições econômicas e culturais para se utilizar da legislação urbanística em seu benefício e no benefício da coletividade, não é esse o caso das classes médias, seja a alta, a média ou a baixa.

Estancar esse processo destruidor da qualidade ambiental de nossa cidade é uma necessidade imperiosa, a menos que queiramos nivelá-la pelos piores padrões.

Hoje se discute, por exemplo, o fechamento de 43 estabelecimentos comerciais irregulares em um universo de 614 na Alameda Gabriel Monteiro da Silva, ou seja, 7% do total.

Por que eles fazem tanto barulho? Porque são o Cavalo de Troia da destruição das zonas estritamente residenciais de nossa cidade e porque desmoralizam a legislação urbanística, pelas inverdades que dizem sobre ela, muitos desconhecendo-a completamente. Fazem isso para obter o domínio total e completo dos interesses especulativos, penalizando os legítimos interesses produtivos imobiliários, assim como os dos cidadãos cumpridores da lei, que se esforçam, através das associações de moradores e de outras entidades da sociedade civil, na fiscalização da lei, colaborando com as instituições públicas que têm essa atribuição, mas nem sempre a exercem em sua plenitude, por interferência de interesses menores (embora muitas vezes politicamente muito grandes, de poucos). Misturando alhos com bugalhos. Uma cidade sem planejamento é o caos. São Paulo não tem falta de planejamento. Tem falta é de sua obediência. Mudar casuisticamente o zoneamento, mesmo que se pague por isso, é instituir o caos com ares de ação social. E se isso tiver sido resultado de pressões especulativas associadas a suborno e caixinhas ainda será pior, porque se estará construindo uma fachada que pode até ser considerada bonita por alguns, mas que esconderá e incentivará a prática corrupta da propina.

Começar agora combatendo essa prática é melhor do que incentivar o seu contrário. Antes tarde do que nunca. Por isso, não podemos aprovar o projeto de lei do vereador do PT José Mentor, que visa exatamente dar essa anistia!

Uma cidade do porte de São Paulo, uma das maiores metrópoles do mundo, não pode prescindir de regras que organizem os usos dos espaços urbanos. A ausência de regras equivale à lei da selva, onde os mais fortes e poderosos levam a melhor: no caso, os grandes interesses econômicos imobiliários especulativos, que querem se impor à custa do comprometimento da qualidade de vida coletiva.

DASLU: UM CASO EMBLEMÁTICO

(Texto publicado na *Folha de S. Paulo*, 7/2/2003)

A Daslu é um caso emblemático para o futuro de São Paulo. Com a sua regularização ou fechamento administrativo por ilegalidade, está em jogo se prevalecerá o planejamento democrático aprovado em lei pela Câmara Municipal ou a vontade de poderosos cidadãos que querem que as leis vão se dobrando a sua vontade.

O império da força de um grupo social por sobre as leis é o fundamento dos regimes autoritários. Neles, fecham-se as casas legislativas quando esses regimes se colocam a serviço da legitimação das transgressões legais de cidadãos poderosos. Isso também acontecerá com a regularização de irregularidades que são ilegalidades cometidas por cidadãos poderosos. É como se estivesse o poder instituído fechado para as vontades dos cidadãos despossuídos, de menor poder político.

Sabemos que, historicamente, os sistemas políticos ocidentais, mais que os orientais, estão evoluindo no sentido de uma crescente afirmação dos princípios democráticos.

Princípios esses que tem seu fundamento na força da lei igual para todos.

Por isso, por mais que a Daslu envolva a todos com seu charme de loja que abastece, com gosto e refinamento, muitos cidadãos poderosos, com roupas de padrão elevado e obviamente de custo acima da capacidade aquisitiva da imensa maioria dos brasileiros, esse charme não pode ser colocado acima dos princípios da igualdade da lei para todos. Como se seus proprietários e usuários fossem cidadãos especiais, e como tal dispensados de seguir as normas de planejamento de uma cidade.

É como se determinados cidadãos, e só eles, pudessem trafegar na contramão, fumar na cara de não fumantes, ou construir o que bem quiserem onde bem entenderem.

É só isso que queremos: que esses cidadãos — que querem aparentar ser altamente sofisticados pelo que vestem, mas na verdade se comportam como cidadãos de um período histórico que imaginamos já tenha sido superado pela redemocratização que há cerca de 20 anos estamos reconstruindo — obedeçam a lei que foi feita para todos.

Os cidadãos — que nos bairros ficam indignados com uma aceitação por tanto tempo dessa ilegalidade pela Prefeitura, ou por uma justiça que parece não enxergar o que está em jogo e que protela a decisão final do fechamento por parte da Prefeitura — tem toda a razão para se indignar. Caso contrário estariam fazendo o papel de tolos diante de cidadãos supostamente espertos. O velho lema do clientelismo no Brasil, "aos amigos tudo, aos inimigos a lei", se transmutaria em "aos espertos tudo, aos tolos a lei".

Todo cidadão verdadeiramente democrata deve se indignar. Alguns, talvez, precisam pesar melhor os argumentos para perceber o que realmente está em jogo. Se prevalecerá em nossa cidade a vontade de poderosos transgressores da lei, visando ganhos especulativos, ou a vontade do cidadãos comuns na defesa de sua qualidade de vida. Esse é o fundo da questão.

O argumento da oferta de empregos a ser perdida não resiste a poucos minutos de reflexão. Basta que a empresa mude a sua localização para um lugar que permita lojas com a dimensão e atividades que ela necessita, e pronto: estarão assegurados os respectivos empregos.

É preciso que os nossos poderosos cidadãos, a elite do poder, deem o exemplo certo. O povo mais simples muitas vezes não tem como seguir a legislação urbanística. Não porque não queira. E, sim, porque não consegue, especialmente por falta de poder aquisitivo.

Não podemos igualar as anistias muitas vezes necessárias de cidadãos necessitados com a anistia a cidadãos abastados, que só desobedecem a lei para benefício próprio e prejuízo ambiental para todos os vizinhos e para a cidade como um todo, que vai ficando assim mais congestionada, irrespirável e violenta, chegando já ao limite do insuportável, cada vez mais ingovernável.

Se o exemplo dado por parcelas importantes das elites é que vale a pena desobedecer as leis, o que esperar do comportamento dos demais cidadãos? Se querem contribuir para a desorganização social, o estão fazendo com charme e elegância. Isso muda para melhor alguma coisa?

Nós, na situação de extrema violência que estamos vivendo, não podemos aceitar qualquer contribuição ao aumento do caos em nossa cidade. Com relação a aqueles que assim estão agindo, esperamos que se deem conta do verdadeiro papel que representam. Nós, que somos cidadãos que querem o controle do caos e não a sua exacerbação, esperamos que juntem-se a nós, transformando-se de burgueses predatórios em burgueses ambientalistas e progressistas.

SOBRE O AUTOR

Paulistano nascido em 1936, Candido Malta Campos Filho é arquiteto e urbanista, professor-doutor de Urbanismo e Planejamento Urbano da Faculdade de Arquitetura e Urbanismo da Universidade de São Paulo (FAU-USP) desde 1962, tendo sido Secretário de Planejamento da Prefeitura de São Paulo entre 1976 e 1981 (gestões Olavo Setubal e Reynaldo de Barros) e responsável técnico pelo projeto de 31 leis de uso do solo em vigor na cidade de São Paulo. É conselheiro fundador do Movimento Defenda São Paulo, membro da Comissão de Justiça e Paz da Arquidiocese de São Paulo e presidente da SAJEP (Sociedade Amigos dos Jardins América, Europa, Paulista e Paulistano).

Iniciou suas atividades profissionais na década de 1960, trabalhando principalmente com projetos de arquitetura, vários deles premiados. A partir da década de 1970, suas atividades acadêmicas e profissionais o levaram para uma atuação maior na área de planejamento urbano, onde tem desenvolvido trabalhos de consultoria através da Urbe, seu escritório em sociedade com o arquiteto e urbanista Luiz Carlos Costa.

Foi coautor do projeto de lei que deu origem a Lei Federal de Loteamentos em 1979 (lei nº 6.766/79) e responsável técnico pelo projeto de lei apresentado pelo deputado Raul Ferraz (PMDB-BA) em 1988 (nº 2.191), que foi base para a elaboração do Estatuto da Cidade, aprovado em 2001.

Com Luiz Carlos Costa, realizou os projetos do Bairro Coqueiral para a empresa Aracruz Celulose, no Espírito Santo, em 1976, e da cidade de Matupá, no Mato Grosso, em 1983, e elaborou o Plano Diretor de Itapecerica da Serra, aprovado por lei em 2002 juntamente com o Plano Diretor dos Bairros Branca Flor e Campestre, o primeiro Plano de Bairro aprovado por lei no Brasil.

Como consultor, coordenou a elaboração do Plano Diretor de Belém do Pará, aprovado por lei em 1993, que utilizou antecipadamente quase todos os instrumentos inovadores presentes hoje no Estatuto da Cidade.

Em 2000 e 2001, contribuiu para a formulação do VI Plano Diretor da Cidade Universitária da USP, em São Paulo, e elaborou, a convite da Prefeitura de Santo André, com equipe própria e em paralelo com as equipes coordenadas por Eduardo Leira, Joan Busquets e Christian de Portzamparc, uma série de propostas urbanísticas para o Eixo Tamanduateí. Em ambos os casos, assim como no recente projeto de arquitetura da Escola Vera Cruz na Rua Baumann, em São Paulo, aplicou seu conceito de integração de tecidos urbanos inovadores com tecidos preexistentes.

Em 2012 recebeu o título de Professor Emérito da FAU-USP.

Este livro foi composto em Sabon, pela Bracher & Malta, com CTP e impressão da Bartira Gráfica e Editora em papel Pólen Soft 80 g/m² da Cia. Suzano de Papel e Celulose para a Editora 34, em março de 2021.